Hipertextos na teoria e na prática

Coleção Leitura, Escrita e Oralidade

Carla Viana Coscarelli
Organizadora

Hipertextos na teoria e na prática

autêntica

Copyright © 2012 A organizadora
Copyright © 2012 Autêntica Editora

CAPA
Christiane Silva Costa

EDITORAÇÃO ELETRÔNICA
Conrado Esteves

REVISÃO
Lílian de Oliveira
Cecília Martins

EDITORA RESPONSÁVEL
Rejane Dias

Revisado conforme o Acordo Ortográfico da Língua Portuguesa de 1990, em vigor no Brasil desde janeiro de 2009.

Todos os direitos reservados pela Editora Autêntica. Nenhuma parte desta publicação poderá ser reproduzida, seja por meios mecânicos, eletrônicos, seja via cópia xerográfica, sem a autorização prévia da Editora.

AUTÊNTICA EDITORA LTDA.
Belo Horizonte
Rua Aimorés, 981, 8º andar . Funcionários
30140-071 . Belo Horizonte . MG
Tel.: (55 31) 3214 5700

São Paulo
Av. Paulista, 2073, Conjunto Nacional, Horsa I, 11º andar, Conj. 1101
Cerqueira César . São Paulo . SP . 01311-940
Tel.: (55 11) 3034 4468

Televendas: 0800 283 13 22
www.autenticaeditora.com.br

Dados Internacionais de Catalogação na Publicação (CIP)
Câmara Brasileira do Livro, SP, Brasil

Hipertextos na teoria e na prática / Carla Viana Coscarelli (org.). – Belo Horizonte : Autêntica Editora, 2012. (Coleção Leitura, Escrita e Oralidade)

Vários autores.
ISBN 978-85-65381-51-2

1. Escrita 2. Internet (Rede de computadores) 3. Leitura 4. Letramento digital 5. Linguagem - Estudo e ensino 6. Linguagem e tecnologia 7. Sistemas hipertexto 8. Textos - Produção I. Coscarelli, Carla Viana. II. Série.

12-04132   CDD-418

Índices para catálogo sistemático:
1. Hipertexto : Linguagem e educação : Linguística aplicada 418

Sumário

7   Apresentação
Carla Viana Coscarelli

11   Compreendendo a sintaxe das interfaces
Ana Elisa Novais

37   Os *hiperlinks* e o desafio das conexões
em hipertexto enciclopédico digital
Ilza Maria Tavares Gualberto

67   Rotas de navegação: a importância das hipóteses
para a compreensão de hipertextos
Marcelo Cafiero Dias

93   Convergências e divergências em navegação e leitura
Ana Elisa Ribeiro

121   Hipertextualidade como condição cognitiva
Maria Aparecida Araújo e Silva

147   Texto *versus* hipertexto na teoria e na prática
Carla Viana Coscarelli

175   Os autores

Apresentação

Carla Viana Coscarelli

Temas relacionados à informática me interessam há muitos anos. A internet e os avanços rápidos da tecnologia digital só fizeram aumentar a minha curiosidade e as minhas perguntas.

Desde meu doutorado, no final dos anos 1990, tenho pesquisado hipertextos. Desenvolvi, nessa época, uma pesquisa que tinha como objetivo verificar a influência de pequenos filmes na produção de inferências, e, consequentemente, na compreensão, na leitura de textos informativos. Para verificar essa interferência da imagem na produção de inferências, fizemos um experimento usando fragmentos de vídeos de divulgação científica. Um grupo de informantes leu textos acompanhados dos vídeos correspondentes que eram apresentados no computador com alguma possibilidade de navegação, ainda que restrita. Outro grupo de informantes leu os mesmos textos numa versão sem as imagens.

Essa pesquisa indicou que existe uma forma de combinar imagem e texto verbal que contribui positivamente para a compreensão, gerando assim melhores resultados na leitura do texto. Além disso, levantou muitas questões sobre a influência da navegação na compreensão desses textos.

A fim de aprofundar os estudos sobre a compreensão de textos em ambientes digitais com navegação, procurei outras pesquisas sobre esse tema e verifiquei que tínhamos, naquela época e ainda hoje, poucas pesquisas quantitativas que buscavam medir a leitura e fazer a comparação de ambientes.

Tínhamos, por um lado, os apaixonados, que consideravam a informática e as redes uma revolução sem precedentes, e, por outro, os desconfiados de que alguma coisa era realmente nova e iria mudar nossas práticas leitoras. Acreditando que o equilíbrio entre esses extremos seria o posicionamento mais sensato, comecei a pesquisar a leitura de hipertextos e tive a sorte de poder contar com um time maravilhoso de estudantes da graduação. Dois desses alunos – Maria Aparecida Araújo e Silva e Marcelo Cafiero Dias –, num piscar de olhos, já estavam desenvolvendo seus trabalhos de mestrado no Programa de Pós-Graduação da Faculdade de Letras da Universidade Federal de Minas Gerais (UFMG). A eles se juntaram Ana Elisa Novais, um grande presente que a Universidade Federal de Ouro Preto (UFOP) enviou para o nosso mestrado, e as professoras Ana Elisa Ribeiro e Ilza Gualberto, grandes companheiras que desenvolveram seus projetos de doutorado conosco.

O fato de ter ao meu lado um time tão dedicado, criativo e inteligente desenvolvendo trabalhos relacionados mostrou-nos caminhos interessantes e algumas consistências que serão discutidos neste livro. Com essas pesquisas, encontramos possibilidades de respostas para questões que outros autores tiveram dificuldade de explicar e levantamos muitas questões que ainda precisam ser investigadas. Agradeço muito a esse time de pesquisadores, autores dos artigos que compõem este livro, a confiança e o empenho sempre tão grande que dedicaram aos seus trabalhos e às nossas discussões.

Esse trabalho também foi enriquecido pelas discussões que pudemos ter com outros pesquisadores, sobretudo com o grupo Hiperged da Universidade Federal do Ceará, em Fortaleza, coordenado pelo professor Júlio César Araújo. Trocamos teses, dissertações, leituras e discutimos muito. Sou muito grata a eles.

Os artigos que compõem este livro são resultados de pesquisas que desenvolvemos na busca de compreender melhor como é a leitura de hipertextos digitais, até que ponto ela é diferente da leitura do impresso e que interferências algumas escolhas têm no trabalho do leitor com esse texto que traz *links* e imagens e que tem uma navegação própria. É preciso lembrar que todo texto exige navegação, seja ele uma bula, um jornal, uma revista, um livro, entre outros, e essa navegação é sempre particular e feita em função dos propósitos do leitor.

Cada uma dessas pesquisas traz sua contribuição particular. Analisando diferentes tipos de apresentação da informação na primeira página de um *site*, Marcelo Cafiero Dias mostra-nos que nem sempre o que é mais fácil à primeira vista gera melhores resultados no final. O que é mais difícil num primeiro momento pode gerar resultados melhores depois de um determinado tempo, pois transforma a demanda cognitiva em aprendizagem.

Continuando os estudos que desenvolveu em sua pesquisa de mestrado, Ana Elisa Ribeiro analisa e compara a busca de informações em jornais impressos e em jornais digitais. Esse estudo permitiu que ela chegasse à conclusão de que bom leitor é bom leitor em vários ambientes, pois transfere competências de um ambiente para outro. Navegar e ler são competências que se complementam, mas que exigem habilidades diferentes. O ideal é que o sujeito seja bom navegador e bom leitor.

Ana Elisa Novais observa como pessoas que não sabem usar o computador percebem e interpretam a interface do Paint Brush e do PowerPoint. Essa pesquisa revela-nos que o que é fácil para um usuário experiente pode ser extremamente difícil para um novato. Nem sempre as interfaces são amigáveis e fáceis de compreender.

A leitura de verbetes da Wikipédia foi o alvo da análise de Ilza Gualberto. Mais especificamente, ela verificou a interferência de diferentes tipos de *links* na navegação nessa enciclopédia digital. Os resultados mostram que não é fácil enganar o leitor, porque ele monitora sua leitura e toma atitudes buscando gerar os melhores resultados. Se *links* se mostram relevantes, ele continua clicando e visitando os textos. Caso contrário, não desperdiça tempo com *links* e cliques que apresentam grandes chances de não serem produtivos para seus objetivos de leitura.

As pesquisas realizadas por Maria Aparecida Araújo e Silva e por mim se complementam e buscam verificar a leitura dos mesmos textos em dois formatos de apresentação distintos: o formato contínuo e o hipertextual. No primeiro caso, os parágrafos são apresentados um após o outro num texto contínuo e, no segundo, o texto é dividido em *link* acessados pelo leitor que navega nesse hipertexto digital. Ambas as pesquisas mostram que esses dois formatos de apresentação de textos não provocam diferenças substanciais na compreensão deles.

Além de envolverem sempre a compreensão de textos digitais, outro ponto comum entre os resultados das pesquisas reunidas neste livro é o de que não há motivo para separarmos o espaço digital do espaço da vida real, como se o digital e o "real" fossem dois ambientes diferentes e desvinculados. Não são e não precisam ser. A máquina somos nós.[1]

---

[1] Título em português de vídeo criado e disponibilizado no YouTube por Michael Wesch em 31 de janeiro de 2007.

Compreendendo a sintaxe das interfaces

Ana Elisa Novais

Há no senso comum a ideia de que hoje, quanto mais se usa o computador, mais se aprende a lidar com ele. Outra ideia facilmente aceita é a de que qualquer pessoa pode se sentar à frente de um micro que vai logo, intuitivamente, aprendendo a usá-lo. Por outro lado, ainda hoje vemos muitas pessoas com dificuldade em aprender novas tarefas, como fazer uma tabela no editor de textos, ou causando danos ao computador e documentos, baixando vírus através de anexos de mensagens de *e-mail*. Existem pessoas que trabalham há muito tempo no computador e não conseguem fazer nada além daquilo que sempre fizeram: ligar o micro, entrar no editor de textos, digitar, salvar, imprimir, desligar. Gravar o arquivo em CD ou mandar por *e-mail*, só com a ajuda de outra pessoa.

Trabalhando há mais de dez anos como professora de informática, conheci muitos tipos de usuários. Crianças, jovens, idosos, homens, mulheres, professores, artistas, empresários, operador de caixa, secretária, irmã de caridade. Cada um com uma expectativa diferente diante do computador. Cada um com uma experiência de uso diferente também. Não havia uma regularidade facilmente percebida na qualidade de uso da máquina. O grau de escolaridade parecia não ser um fator determinante para o sucesso na realização das tarefas, mas certas experiências letradas auxiliavam na identificação das ferramentas, das rotinas, das possibilidades de interação no ambiente virtual. Algumas pessoas tinham mais facilidade em reconhecer certos ícones e tinham mais familiaridade com as pastas e os arquivos digitais. Outras tinham mais dificuldade, e para elas era importante a comparação desses recursos com objetos mais próximos do seu dia a dia, como gavetas e papéis.

A grande maioria tentava construir sentido para aquilo que realizava no computador buscando referências de outras práticas, de outros ambientes, de outras situações. Justamente porque cada usuário trazia uma experiência única, cada um tinha uma forma muito particular de usar o computador. Usar o computador para baixar arquivos de música pela Internet e interagir com pessoas via fóruns e blogues é diferente de usar o computador apenas no ambiente de trabalho, limitando-se a rotinas repetitivas com um número limitado de instruções. Essas e outras práticas estão condicionadas à forma como cada um dos sujeitos atua na interface e, possivelmente, a outras práticas de leitura e escrita vivenciadas fora do ambiente digital. O uso e o aprendizado das interfaces gráficas do computador podem gerar significados diferentes para cada tipo de interação. Essa diversidade de usos e práticas gera um número ilimitado de perfis e de estados de *letramento digital*.[1]

Compreender os signos que compõem as interfaces gráficas dos computadores, de aparelhos celulares, de caixas eletrônicos, de menus interativos de DVDs, dominar o uso do *mouse* e do teclado e de outros dispositivos de interação são habilidades necessárias para interação no ambiente digital. Além dessas, outras como "aprender a noção de *link* a partir dos recursos que sinalizam esse mecanismo, como a transformação do cursor em uma mãozinha ou outro ícone, o escrito azul sublinhado ou apenas uma palavra sublinhada" ou identificar "os ícones que marcam que a página está sendo carregada e que, portanto, o usuário deve esperar um pouco, como por exemplo, a ampulheta, barras que vão sendo preenchidas com uma cor, etc." ou ainda a "familiarização com os ícones básicos, reconhecendo-os e sabendo usá-los em vários programas" (COSCARELLI, 2005, p. 29) são também habilidades importantes para aqueles que utilizam os computadores.

Muitas pessoas hoje, por já terem adquirido habilidades como as descritas acima, não imaginam a complexidade de operações cognitivas que são necessárias para que esses conhecimentos se tornem estáveis e possam ser articulados para a construção de generalizações, analogias e julgamentos, habilidades inegavelmente importantes para qualquer atividade de leitura.

Buscando conhecer os arranjos mentais necessários para a construção de sentido nas interfaces gráficas e investigar como o usuário "lê" a interface, a partir dos significados que atribui aos elementos da tela – ícones, setas, botões, janelas, menus –, realizamos um teste de leitura com quatro usuários de pouca experiência no computador. Esses usuários foram convidados a reproduzir, nos programas Paint e PowerPoint, dois textos que lhes foram

---

[1] O desenvolvimento de habilidades que permitam aos sujeitos lançar mão de certas técnicas e práticas sociais de leitura e escrita no computador definirá o estado ou a condição do seu *letramento digital*. Ao utilizarmos a expressão no plural, concordamos com Ribeiro (2008, p. 29), quando afirma: "parece que letramento digital é um conceito amplo demais e que necessitaria de mais subcategorias, como, por exemplo: o letramento de indivíduos que usam a Internet no domínio do trabalho. Recortes dentro de recortes, à maneira de um hipertexto".

entregues em versões impressas. Com base no registro em áudio e vídeo e da transcrição desses dados, realizamos uma análise qualitativa, fundamentada principalmente no modelo de leitura de Coscarelli (1999) e na teoria dos espaços mentais e mesclas conceptuais (FAUCONNIER; TURNER, 2002).

Textos e interfaces

As interfaces gráficas[2] nos permitem usar o computador sem a necessidade de conhecer os códigos e os processos digitais mais complexos. Como veremos, a leitura da interface exige a articulação de conhecimentos de diversos domínios, a busca por referentes externos ao ambiente digital e ao vocabulário técnico da informática. Exige que o leitor tenha habilidade de navegação muito bem desenvolvida e que construa associações, projeções e inferências muito rápidas e eficazes.

A fim de compreender como acontece a interação entre usuários e o computador, a partir das interfaces gráficas, foram considerados os aspectos textuais e discursivos dos ambientes digitais, bem como suas possibilidades de leitura. As interfaces são vistas, portanto, como produto de uma necessidade de interação, construída por alguém, para alguém, com um objetivo, em um dado contexto.

Uma vez que o objetivo deste trabalho é entender de que modo o usuário lê a interface, constrói sentido na interação com os signos que lhe são próprios, a interface está sendo pensada como um texto, produzido por um grupo de profissionais aos quais oportunamente chamamos de autores,[3] para determinados leitores, sob certas circunstâncias e com objetivos relativamente delimitados. Mais comumente tratada como suporte para materialização de textos de natureza diversa, a interface pode assumir o *status* de texto a ser lido, processado, interpretado.

Exatamente por mediar a construção de sentidos no ambiente digital, provendo possibilidades de significação tanto para os designers e programadores (autores) quanto para os usuários (*leitores*), "através de práticas discursivas e cognitivas, social e culturalmente situadas" (CAFIERO, 2002, p. 45), é que a interface gráfica de usuário pode se materializar como texto, assim como qualquer texto é interface: ponto de contato entre o autor e o leitor.

---

[2] Neste trabalho, o termo *interface gráfica* (ou apenas interface), se referirá à tecnologia de representação que permite a mediação das ações no ambiente digital, integrando de forma coerente e sensível os processos digitais – cuja representação é construída pelos profissionais da informática e do *design* – e a capacidade de compreensão dos usuários.

[3] A expressão "autor", utilizada no contexto das interfaces digitais, pode soar como incoerente, já que na verdade existe por trás da construção de uma interface uma equipe interdisciplinar de profissionais. Além disso, diversas questões sociais e econômicas também interferem nesse universo discursivo. A questão da "autoria", portanto, deve ser relativizada.

Seus elementos constituintes não trazem em si todas as possibilidades de significação. Cada leitura é única porque cada leitor é único, com suas experiências e expectativas. Os leitores precisam buscar estratégias para entender e dar sentido à atividade que estão realizando no computador, acionando as instruções e marcas deixadas pelos autores e acessando seus sistemas de conhecimentos, de crenças e de culturas. Essa é, talvez, a maior dificuldade dos usuários: buscar referências de outras práticas de leitura e de escrita. Grande parte da interação entre o leitor e esse novo objeto de ler é muito diferente e representa "novas maneiras de ler, novas relações com a escrita, novas técnicas intelectuais" (CHARTIER, 1994, p. 101). Um usuário de computador precisa recorrer a habilidades muito diferentes, que talvez nunca tenham sido elencadas de uma só vez em uma atividade de linguagem.

A busca por representações "interpretáveis" do processamento binário, de certa forma, acompanhou o desenvolvimento das interfaces, mas muitas escolhas acabaram limitando essa representação a universos muito particulares, como os ambientes formais dos escritórios. Como em todos os momentos históricos de renovações e rupturas entre mídias, muitos problemas emergem a partir das novas formas de interação. Com a interface, essa dinâmica não seria diferente.

Os usuários (leitores) deveriam utilizar as marcas deixadas pelos *designers* (autores) na interface (texto), e seu conhecimento a respeito dessas marcas, para construir sentido nas atividades que pretendem realizar no computador.

Nesse contexto, é natural o esforço para regular princípios e homogeneizar os processos pelos quais os usuários, desde os mais experientes aos novatos, precisam compreender para interagir com o computador. Toda e qualquer semiose deve ser construída a partir de marcas estáveis e relativamente fáceis de serem compreendidas por seus leitores. Esse é o objetivo perseguido tanto pela Linguística quanto por estudos como o da Usabilidade e do *Design* de Interação – especializados em heurísticas e métricas para a construção de interfaces digitais.

Apesar de terem objetivos coincidentes – construir textos legíveis – parece que os estudos da linguagem e o *design* dialogam pouco. Ribeiro (2008, p. 80) afirma que o conceito de legibilidade dos linguistas é diferente daquele adotado pelos *designers*, mas defende que esses conceitos deveriam ser inseparáveis na produção dos suportes a partir dos quais se materializam os textos. Concordando com Ribeiro, acredito que as questões estéticas, como tamanho e tipo de letra, escolha de cores e contrastes adequados aos objetivos da construção dos textos e dos objetos de ler, deveriam estar diretamente ligadas a questões linguísticas como a escolha do vocabulário e das imagens, a construção de unidades textuais de sentido completo e bem articuladas entre si.

As interfaces – digitais, impressas, ou de qualquer outra natureza – tendem a obedecer a certos padrões, certas regularidades. Essas regularidades estão repletas de significado. Pierre Lévy reconhece essa característica nas interfaces, quando afirma que a tela do computador constrói significação "não só pela forma, mas por movimentos e metamorfoses" (Lévy, 1998, p. 17). A interface instaura certas convenções que funcionam como marcas ao leitor. Essas convenções são identificadas pelo pesquisador francês quando ele afirma que

> [...] em princípio, todos os elementos do ideograma [interface] são significantes. Mesmo eventuais correspondentes não-icônicos e puramente convencionais, por exemplo, a forma redonda ou quadrada em que se inscrevem as figuras ideográficas, remetem a uma significação a pertinência do objeto designado a esta ou àquela categoria (Lévy, 1998, p. 57).

A construção de sentido na interface não está relacionada apenas à decodificação de seus elementos estruturantes, mas sim ao reconhecimento de uma complexa rede de relações entre esses elementos, a sua função em determinado contexto, a sua disponibilidade dentro daquela situação, etc. O leitor da interface deve reconhecê-la como "um todo articulado e com sentido, pertinente e adequado à situação de interação em que ocorre" (Costa Val, 2000, p. 114).

Visão cognitiva da leitura

A interface foi criada para facilitar a interação das pessoas com os computadores. Uma opção já canonizada pelos *designers* é a utilização de imagens pictóricas, figurativas, que representam de forma mais familiar certos processos e funções tipicamente digitais. Partindo do ponto de vista da linguagem, algumas questões se fazem importantes: Que referências cada pessoa constrói ao lidar com a interface? Que significados emergem dessa interação? Como outras práticas letradas influenciam as experiências de construção de sentido? Quais os limites e as possibilidades dessa interação? É possível afirmar que todas as pessoas vivenciam as mesmas experiências de construção de sentido quando estão utilizando ou aprendendo a utilizar o computador?

A busca por respostas a essas perguntas motivou a articulação de duas teorias de base cognitiva: a teoria da Mescla Conceptual (Fauconnier, Turner, 2002) e o modelo reestruturado de leitura (Coscarelli, 1999). Com essa fusão, considera-se, portanto, que a atuação integrada de domínios especializados na leitura faz emergir novos conhecimentos, novas representações. Esses domínios, mesmo não atuando de forma rígida, são responsáveis por certas especialidades relacionadas ao contato com os signos (a lexical, a sintática e a semântica, por exemplo). O processamento desses domínios acontece sem linearidade, de forma articulada. A qualidade da percepção e da recepção das formas e dos arranjos formais (linguísticos ou não) deve acontecer de maneira integrada para que as atividades mentais "superiores" possam ser ativadas coerentemente. Atividades essas que são realizadas em todos os domínios de leitura, à medida que a construção de sentidos demanda operações de referência, elaboradas pelos mesmos princípios: construção de cenários (esquemas, *frames*, *scripts*), modelos cognitivos, seleção de categorias, relações metafóricas e metonímicas, mesclas conceptuais, entre outros.

Toda leitura, acreditamos, é um momento privilegiado de interação, que articula questões formais dos textos a questões cognitivas e socioculturais externas à materialidade do texto. A leitura é um processo comunicativo no qual estão envolvidas questões extralinguísticas ligadas ao conhecimento prévio dos leitores, às condições de produção do texto e às intenções dos autores. O modelo reestruturado nos ajuda a caracterizar os protocolos de leitura que os leitores inexperientes tentam mobilizar na interação com a interface e conhecer as operações cognitivas de que lançam mão ao lidar com o ambiente, sem desconsiderar as questões extralinguísticas que condicionam e influenciam a construção do sentido.

O significado, tanto para o modelo reestruturado quanto para a Linguística Cognitiva, base sobre a qual se sustenta a teoria da Mescla Conceptual, é o resultado de uma construção integrada e não composicional. Na recepção, esse significado é condicionado, de um lado, pela qualidade dos signos e, do outro, pelos conhecimentos que cada leitor aciona para compreender esses signos. Os diversos domínios cognitivos de leitura são acionados e gerenciados nos *frames* ativados pelo leitor. Esses *frames*, por sua vez, viabilizam e complementam as atividades mentais de "alto nível", nas quais acontece a integração das referências com a construção de estruturas emergentes. A variação na construção do significado ocorrerá de acordo com os modelos culturais e com a dinâmica da situação comunicativa.

A ativação de espaços mentais pode ocorrer a partir de elementos linguísticos e não linguísticos. O contato com diferentes semioses, independentemente de sua modalidade (verbal, visual, sinestésica, etc.), provoca a ativação de espaços mentais que vão se desdobrando no desenrolar da leitura, mapeando e projetando informações entre si.

A leitura dos ícones e outras ações típicas da interface seriam exemplos de ativação de espaços mentais, já que exigem do leitor a construção de uma série de cenários ficcionais e metafóricos. Certos conceitos como "salvar", "abrir", "fechar", "copiar", "colar" são utilizados pelas interfaces para representar a combinação de códigos binários e a conversão dessas combinações em sinais elétricos, que é o que realmente acontece quando ativamos essas funções no computador.

Para Fauconnier e Turner (2002), a construção do sentido na interface gráfica só é possível a partir do processamento de mesclas conceptuais. Para usar o computador, o usuário necessariamente precisa da ativação de diferentes domínios, *frames* e modelos cognitivos. Graças ao dispositivo tecnológico que permite a interação entre o processamento eletrônico e o usuário, é possível ao usuário realizar abstrações em relação ao processamento eletrônico do computador e conceptualizar ações como arrastar, mover, levantar, arquivar, abrir, fechar, etc. Na verdade, nenhuma dessas ações está acontecendo. O que enxergamos e tomamos como dado são variações na iluminação do monitor, com um número finito de pontos (*pixels*), que nos permitem construções imaginativas. A mescla conceptual, para esses autores, "não está na tela: a mescla é uma criação mental imaginativa que nos deixa utilizar o *hardware* e o *software* do computador efetivamente" (FAUCONNIER; TURNER, 2002, p. 23).

Segundo Fauconnier, "não estabelecemos espaços mentais, conexões entre eles e espaços de mescla sem razão. O fazemos porque isso nos dá um *insight* global, um entendimento em escala humana e novos sentidos" (2002, p. 92). A eficiência desses *insights* é estabelecida a partir da compressão das relações entre os espaços *input* e das relações entre os elementos do espaço da mescla. Essas relações conceptuais são chamadas de relações vitais. Nas interfaces gráficas de computadores, os ícones são construídos a partir da relação vital de Representação. Os elementos selecionados nos espaços *input* são mapeados a partir de relações vitais de Propriedade, Categoria. Um botão é uma Categoria que pode assumir a Propriedade de ativado ou não ativado, por exemplo. Os espaços *input* ativados devem conter contrapartes mapeadas dessas e outras relações vitais, como Parte-Todo (▮) e Similaridade (▮ ▮).

O modelo de leitura reestruturado sistematiza a construção dessas referências, a partir de domínios especializados, que atuam de forma integrada e são acessados em situações diferentes, de forma integrada e não linear. Considerando a leitura como um processo hipertextual, Coscarelli (2002; 2003) defende que nenhuma leitura é linear, independentemente da qualidade do texto ou do objeto de ler a partir do qual se materializa esse texto. Essa defesa é fundamentada numa concepção de leitura como um

> [...] processo complexo que envolve desde a percepção dos sinais gráficos e sua tradução em som ou imagem mental do som até a transformação dessa percepção em ideias, por meio do raciocínio,

isto é, da geração de inferências, reflexões, analogias, questionamentos, generalizações, etc. (COSCARELLI, 1999, p. 14).

Do ponto de vista cognitivo, portanto, é possível afirmar que os leitores de interfaces processam a leitura de forma semelhante para ler diversos tipos de texto. Os usuários de computador também precisam lançar mão de inferências, de reflexões, de analogias, de questionamentos e de generalizações para ler a interface.

O modelo de Coscarelli (1999) tem como pressuposto básico a existência de domínios cognitivos especializados no processamento da leitura, que realizam operações cognitivas distintas, mas que sofrem interferência uns dos outros. Esses domínios atuam de forma integrada e são acessados em momentos diferentes, de forma não linear, relacionando-se e interagindo a todo o momento.

Nesse modelo, o sistema cognitivo é dividido em:

- processamento lexical;
- processamento sintático;
- construção da coerência (ou significado) local;
- construção da coerência temática;
- construção da coerência externa ou processamento integrativo.

Para Coscarelli, é a qualidade da interação a responsável pelas interferências entre domínios, que vão se modificando de acordo com o que já foi processado pelo leitor. Em sua pesquisa (COSCARELLI, 1999), a autora identificou inferências durante várias etapas da leitura, o que favoreceria a tendência de considerar que as informações semânticas são processadas em momentos diferentes nos caminhos da leitura, muitas vezes, antes mesmo dos processamentos sintáticos e lexicais. Lidar com uma tela de computador também é um bom exemplo de como os saltos na sequência dos domínios são possíveis. Ao buscar um comando desconhecido na tela para realizar uma ação, o leitor precisa realizar diversas inferências antes mesmo de identificar o elemento na interface que lhe permite realizar determinada ação. Se esse leitor não conhece a ferramenta de sublinhar o texto, por exemplo, ele deve buscar elementos que lhe permitam inferir sobre o tipo de ação que precisa realizar, sobre a aparência e a localização do comando na tela, além de ativar conhecimentos de outras práticas de leitura e escrita sobre o que é um texto sublinhado.

Modelo de leitura – o caso das interfaces

As diversas semioses que compõem as interfaces coexistem de maneira estruturada, a partir de uma estabilidade que trabalha a favor da sua legibilidade. Ícones, janelas, botões, menus, barras de rolagem e rotinas de navegação tipicamente digitais exigem do leitor a ativação de uma complexidade grande de conhecimentos e habilidades, e a interpretação desses elementos gráficos, como veremos, é apenas uma fatia desse conhecimento.

O que apresentamos a seguir é uma adaptação do modelo de Coscarelli, com a integração dos fatores apontados pela pesquisadora como facilitadores do processamento da leitura nos diferentes módulos às heurísticas de *usabilidade* de três autores diferentes: Talin (1998), Nielsen (2005) e Tognazzini (2003).

A noção de processamento lexical foi ampliada para o reconhecimento de certas unidades (setas, botões, ícones, textos, figuras, imagens vetoriais, etc.) presentes na interface. A aparência do ícone, a forma como ele representa a ação que provoca no computador, seu *status* (ativado, desativado, etc.), a recorrência e a relevância deste nos programas fazem parte dos elementos processados por esse domínio cognitivo.

Na tela do computador, a leitura pode acontecer de maneira muito custosa e exigir do leitor a busca por referências não explícitas. A esse tipo de referências Liberato e Fulgêncio dão o nome de informações não visuais. Segundo as autoras, "quanto mais informação visual o leitor precisa, mais dificuldades ele vai ter" (2007, p. 15). Da mesma forma, "quanto mais informação não visual estiver disponível ao leitor, menos informação visual ele necessitará retirar do texto" (2007, p. 15).

Em relação ao processamento sintático, é possível construir uma analogia com os processos de navegação necessários para se compreender uma interface de computador. Existem certas ações que são hierarquizadas e condicionadas aos limites e às possibilidades do processamento digital. Só é possível alterar um elemento na tela (texto, imagem, etc.) se ele for previamente selecionado, assim como só é possível acessar um ícone se ele estiver disponível (característica apontada por uma diferenciação nas cores de cada ícone). Essa disponibilidade é condicionada a outros fatores, como a adequação do ícone ao elemento selecionado (se uma imagem está selecionada, as ferramentas de edição de texto ficam indisponíveis). As convenções e restrições da interface condicionam a navegação e interferem na qualidade da leitura.

O *design* de interface, mesmo sem demonstrar um diálogo explícito com as questões textuais e linguísticas que permeiam a construção e a leitura das interfaces, parece levar em conta a importância de conduzir o usuário a um conhecimento mais amplo das atividades que realiza no computador. A ênfase na qualidade e na simplificação das tarefas, equilibrada à preocupação com os limites e conhecimentos dos usuários, parece uma solução viável encontrada pelos manuais de desenvolvimento de sistemas digitais interativos.

Uma coincidência aparece nas indicações tanto de linguistas quanto de manuais de *design* em relação aos processamentos lexical e sintático. Fulgêncio e Liberato (2001, p. 26) levantam a hipótese de que sentenças muito compridas constituem fator de dificuldade de leitura. Preece, Rogers e Sharp (2005, p. 101-103) sugerem formas de simplificar a ação dos usuários na localização de arquivos no computador a partir de recursos gráficos. De certa forma, todos esses autores concordam com a dificuldade imposta pela leitura quando o texto apresenta sentenças muito compridas (ou protocolos extensos de leitura, no caso da interface).

A qualidade dos processos de navegação e do reconhecimento das unidades dependerá, assim como em outros textos e suportes, da habilidade dos leitores para automatizar esses processos. Quanto mais os ícones, suas funções e sua sintaxe de uso estiverem estabilizados na memória de longo termo, menor será a carga cognitiva exigida na ativação dos domínios. Em suma: é preciso que um texto seja coerente, estável, previsível, transparente, para que seja mais facilmente compreendido pelos leitores. Os textos confusos, truncados, incoerentes, entre outros fatores, geram dificuldade para o leitor. Assim como as interfaces mal construídas, incoerentes e instáveis geram dificuldades para os usuários.

A leitura foi, até certa época, limitada à compreensão dos domínios lexical e sintático. Nesse período, a noção subjacente era a de que a compreensão dependia apenas da "decodificação mecânica – que não envolve a construção do sentido do texto – de sentenças isoladas. Nessa perspectiva, o texto é visto, implicitamente, como um amontoado de sentenças, ao invés de ser visto como uma unidade coerente de significado" (COSCARELLI, 1999, p. 55).

Alguns cursos livres de informática, mesmo que indiretamente, ainda lidam com essa ideia de que basta ao usuário conhecer a função dos ícones e memorizar caminhos de navegação para realizar as tarefas no computador. Mas esses caminhos, em vez de memorizados, deveriam ser compreendidos a partir das suas regularidades. A identificação dos ícones, a aparência e as transformações contextuais que indicam se eles podem ou não ser ativados, as cores dos menus e das janelas, a localização dos elementos na tela, os "movimentos e metamorfoses" repletos de significação (LÉVY, 1998) devem ser processados de forma integrada, reflexiva, não só para que os caminhos sejam memorizados, mas principalmente para ajudar os usuários a lidarem com situações inesperadas.

Seguindo nessa perspectiva, fica claro que a interação em ambientes digitais exige também do leitor uma gama de conhecimentos muito ligados à cultura digital. A leitura das interfaces gráficas requer todo um conhecimento que é social, cultural, aprendido com a prática, com as vivências e com outras leituras. Esse conhecimento é essencial para a produção de inferências adequadas ao contexto e à situação de leitura. A complementação semântica realizada pelos leitores, *on-line*, no momento da execução de uma tarefa, depende de todos os fatores apontados e ainda das habilidades e do conhecimento para construir um sentido mais global para a tarefa que estão tentando realizar.

A qualidade das informações que o leitor é capaz de articular para compreender o texto influenciará, positiva ou negativamente, a construção de sentidos.

O modelo reestruturado de Coscarelli leva em consideração o processo comunicativo como um todo, no qual estão em jogo as intenções do autor para o leitor e as habilidades do leitor para recuperar essas intenções, a partir das marcas e instruções deixadas no texto. Nesse processo de constante reconstrução de sentidos, o conhecimento prévio do leitor e, consequentemente, os *frames* que poderá ativar, são peças fundamentais. Conhecimento esse que não pode ser considerado um pacote fechado de informações acionadas pelo leitor de acordo com suas necessidades. O conhecimento prévio do leitor, entendido como um "um elemento em constante reestruturação" (COSCARELLI, 1999, p. 47), o conhecimento compartilhado entre o leitor e o autor e a ideia de contexto, variável e modificado de acordo com as diferentes situações comunicativas, são questões importantes na negociação e na construção dos sentidos.

A pesquisa

A investigação contou com testes de leitura, dos quais foram extraídos protocolos verbais, obtidos durante a realização das tarefas. Os sujeitos foram convidados a reproduzir, nos programas Paint e PowerPoint, dois textos cujos elementos exigiam a localização de recursos mais complexos do que aqueles aos quais estavam habituados a lidar.

Foram selecionados usuários que já conheciam o funcionamento básico do computador, mas que não dominavam tantos recursos e não construíram ainda uma representação bem definida do funcionamento da interface. Para que o perfil desejado fosse garantido, um questionário sobre hábitos de uso do computador foi aplicado em duas turmas de primeiro período dos cursos de Letras e Pedagogia, em universidades públicas e particulares. Os sujeitos forneceram informações sobre a frequência de uso do computador, os programas mais acessados e as atividades mais realizadas. O questionário foi aplicado em um total de 58 alunos, dos quais quatro participaram efetivamente da pesquisa. Cada teste gerou diferentes situações, algumas inesperadas e reveladoras. Como veremos, foi possível observar significativa gradação nas habilidades e nos conhecimentos desses sujeitos, o que permitiu generalizações impensadas no início da pesquisa.

As imagens a seguir representam as tarefas desenvolvidas pelos sujeitos da pesquisa, no PowerPoint e no Paint, respectivamente.

Figura 1 – Texto a ser reproduzido no PowerPoint

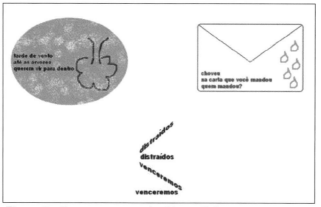

Figura 2 – Texto a ser reproduzido no Paint

Os testes foram realizados individualmente, em ambiente doméstico, após contatos iniciais com cada participante, via telefone. O ambiente de realização dos testes foi adaptado de forma que não interferisse no desempenho dos sujeitos. O mesmo equipamento foi utilizado em todos os testes: computador pessoal, com sistema Windows XP, PowerPoint 2003 e Paint.

À medida que os estudantes tentavam realizar as tarefas, foram feitas pequenas intervenções, nas quais eram fornecidas pistas que estimulavam a criação de inferências, de analogias ou a recuperação de uma sequência perdida. Essas intervenções contribuíram para o enriquecimento dos protocolos verbais, já que sem elas os sujeitos não conseguiriam seguir adiante na realização da tarefa. A pesquisadora não forneceu respostas prontas sobre quais comandos ou recursos os sujeitos deveriam utilizar. Os testes foram gravados em vídeo e posteriormente transcritos. Foram registradas não só as falas dos sujeitos, mas também o movimento do *mouse* na tela, buscando registrar o máximo de informações interessantes de serem comentadas nas análises, já que o formato da pesquisa nos permitiu contar com situações totalmente inusitadas, e não menos reveladoras.

A leitura na interface: atuação e integração dos domínios, segundo o modelo reestruturado

A identificação dos ícones, por si só, constitui material satisfatório para identificar certos conhecimentos ativados pelos leitores na interação com as interfaces. Além disso, reforça a teoria de que os domínios cognitivos da leitura, mesmo exercendo papéis diferenciados, atuam de forma paralela e não linear, porque as atividades de leitura demandam, a todo momento, a produção de inferências, projeções, associações, generalizações.

Devido à natural imprevisibilidade de situações que um teste de leitura como esse pode gerar, diversas outras questões que vão além da identificação dos ícones puderam ser levantadas, mais ainda: reavaliadas essenciais para a questão da construção de sentido nas interfaces gráficas dos computadores.

A seguir, apresentamos algumas situações que podem nos ajudar a compreender a forma como atuam os diferentes domínios de leitura, no caso das interfaces gráficas de computador.

Reconhecimento das unidades

Ao observar a dificuldade dos usuários para identificar e localizar ferramentas na tela, fica evidente a fragilidade das operações cognitivas realizadas durante a interação dos usuários leigos na interface. A falta de referências para compor estruturas cognitivas faz com que esses sujeitos construam e reconstruam suas hipóteses a todo momento.

Uma das hipóteses da pesquisa era a de que a dificuldade de processamento de certas unidades do meio digital é potencializada pela falta de referências em práticas letradas anteriores (como a ação de desfazer). A partir da leitura dos ícones, acreditamos que essa hipótese pôde ser comprovada, já que muitas das ações não foram concluídas simplesmente porque os usuários não sabiam o que procurar. A carência de conhecimentos dos usuários leigos impediu a composição e a complementação dos espaços mentais ativados na rede de integração conceptual construída *on-line* em cada situação de interação. Foi o caso de Vanessa, quando precisava colorir o "plano de fundo" do *slide* ou colorir o preenchimento das caixas de texto. A estudante não sabia identificar o *slide* como "fundo" e desconhecia a possibilidade de atribuir a ele uma cor. Da mesma forma, quando Vanessa escolheu um modelo de **WordArt** com sombra para escrever "9999-9999" e passou o mouse por vários ícones na tela sem saber o que procurava, já que não possuía o *frame* "sombra". Nem mesmo a clareza do ícone ou a sua legenda "Estilo da sombra" pôde ajudar a estudante a identificar esse recurso. Tanto o recurso quanto o ícone eram desconhecidos (não familiares), e esses fatores dificultaram o reconhecimento dessas unidades.

Outra questão importante é a limitação do vocabulário dos leitores, ligada à falta de conhecimentos necessários para compor e complementar o processo de referenciação. Em diversas situações, os sujeitos não conseguiram identificar os ícones porque não sabiam o nome daquilo que estavam procurando. Vanessa, por exemplo, foi influenciada pela pesquisadora quando procurava um ícone que lhe permitisse inserir contornos no texto. Como a pesquisadora sugeriu que a estudante procurasse um ícone que alterasse a cor da "borda", ela ficou confusa, porque o ícone, na verdade, chama-se **Cor da linha**, e ela não relacionou os dois nomes. Da mesma forma, Luciana não conseguia encontrar a **Caixa de texto** porque não conhecia o nome dessa ferramenta, e só a encontrou depois que a pesquisadora citou esse nome.

A questão do vocabulário também influencia a identificação de alguns menus porque o nome deles está ligado a contextos muito particulares, como o da produção gráfica ou do cinema. Se o usuário não conhece esses contextos, não consegue reconstruir as projeções realizadas pelos autores para nomear os menus. Vanessa manifestou verbalmente a sua dúvida a respeito do nome "formatar". Ela tinha uma informação que não correspondia à função daquele menu, naquele contexto, que era a de que a ação de formatar estava ligada ao apagamento dos dados de um disquete. Tentando buscar outras relações com a ajuda da informação visual (a palavra *formatar*), Vanessa chegou a citar alguns sentidos mais próximos, como "desenho", "forma" e "estilo", mas não suficientes para que ela construísse uma ideia mais ampla do sentido da palavra naquele contexto. A expressão "formatar", que dá nome a um menu do PowerPoint, tem, segundo o *Houaiss*, datação muito recente (1964) e todas as acepções sob a rubrica da informática. Tem sentido de organizar os dados em um dispositivo de memória, como o disquete. Sua etimologia vem de "forma, tamanho e constituição, como de um material impresso, sua paginação". Está muito ligado a questões do universo do impresso, restrito aos profissionais da área.

Parece que a identificação dos nomes dos menus é realizada com sucesso quando os leitores conseguem construir roteiros (*scripts*) bem definidos no espaço da tarefa. A qualidade da definição desses roteiros depende também de outros conhecimentos, como o nome e a função da ferramenta que estão procurando. Vanessa provavelmente acessou sem problemas o menu **Inserir** porque construiu um *script* parecido com "preciso *inserir* um texto". Luciana, ao contrário, construiu um *script* inadequado para incluir uma caixa de texto: em vez de "inserir caixa de texto", ela construiu "exibir caixa de texto".

Reveladora foi a forma como Rose processou o sentido do menu **Ajuda**. Quando a pesquisadora sugeriu que a estudante poderia encontrar funções também pelos menus, a opção **Ajuda** foi a primeira a ser acionada. Por duas vezes, Rose tentou "pedir ajuda", clicando nesse menu. A estudante, por desconhecer os mecanismos de ajuda presentes nos programas de computador, projetou no espaço da mescla elementos dos *frames* que conseguiu ativar nos espaços *input*, muito provavelmente ligados à sua experiência com a expressão "ajuda" fora do ambiente digital.

Em muitas situações específicas de identificação e localização de unidades, ficou claro o quanto a quantidade de informações processadas na memória de curto prazo, muitas vezes, ultrapassa os limites humanos (Miller, 1956, citado por Preece; Rogers; Sharp, 2005 e Liberato; Fulgêncio, 2001) e faz com que operações recentes não consigam ser replicadas em outras ações. Esse problema pode estar relacionado ao que Liberato e Fulgêncio (2001) chamam de "ciclo vicioso". Segundo as autoras, a falta de referências para o processamento lexical, por si só, não constitui um problema que impede definitivamente o leitor de construir sentidos para o texto porque ele deverá recorrer também a previsões e inferências. Mas essas operações só serão realizadas com sucesso, ou seja, o leitor só conseguirá pistas relevantes para chegar ao significado, se conseguir construir hipóteses adequadas. O "ciclo vicioso" acontece quando o leitor não dispõe de um conhecimento mínimo sobre o material textual com o qual precisa lidar. Nesses casos, todo o processo de leitura fica comprometido.

O reconhecimento das unidades só será realizado com sucesso se o leitor puder elencar conhecimentos que lhe permitam construir mapeamentos a partir de referências a práticas exclusivas do ambiente digital. Esquemas sobre outras práticas podem não ajudar, como quando a falta de referências de Rose a respeito dos sistemas de ajuda no computador direcionaram sua atenção para uma área do texto que não atenderia às suas necessidades naquele momento. A adequação do ícone à sua função deve acompanhar sempre o critério de proximidade com a escala humana de compreensão, ou seja: as referências devem ser próximas daquilo que os usuários conseguem identificar e relacionar.

Processamento sintático

O processamento sintático, na leitura da interface, é provavelmente o domínio que mais aproxima habilidades de leitura e de navegação. Os fatores que poderiam ou não dificultar o processamento sintático dos textos estão relacionados à compreensão das sequências de operações que devem ser executadas para se realizar alguma tarefa na interface. É recorrente, nos manuais de *design* de interação, a heurística sobre a busca pelo encurtamento e pela simplicidade dessas operações. A falta de canonicidade e a complexidade das sequências, a presença de caminhos confusos ou ambíguos e a pouca familiaridade dos usuários com as rotinas de navegação podem dificultar a leitura e a compreensão da dinâmica das interfaces.

Rose, por exemplo, para sair dos menus que levava o *mouse* até o menu **Arquivo** e clicava em **Sair**. Sua limitação para navegar pelos menus ficou evidente logo no início do seu teste de leitura, quando, percebendo a sua dificuldade para manipular o menu **Iniciar**, a pesquisadora demonstra a diferença entre as opções que poderiam ou não ser expandidas (no caso daquelas com seta indicativa). Apesar de afirmar ter entendido a diferença, Rose ainda se movimentava pelos menus sem nenhum critério, com muita dificuldade para controlar o *mouse* e navegar pelas opções.

Algumas estratégias dos *designers* para representar o *status* das operações são mais facilmente identificadas, como as cores que indicam se uma opção está ou não ativada. Quando questionados sobre isso, todos conseguiam explicar o motivo pelo qual os ícones estavam ou não disponíveis, mesmo que para tal usassem um vocabulário menos técnico: "porque ele está branquinho", explica Rose, quando questionada sobre a opção de menu disponível.

Mas, mesmo a clareza desses recursos gráficos – cores, sombras e contornos – simulando objetos materiais ou diferenciando opções ativas e inativas nos menus e janelas, se mal utilizada, pode trazer dificuldades para o leitor inexperiente. A mesma Rose não conseguiu processar a sintaxe de funcionamento da janela **Inverter e girar**. Sua limitação para compreender o efeito das cores e dos recuos não lhe permitiu compreender a forma como ativaria as opções de **Girar** (90°, 180°, 270°). Por desconhecer *frames* como "hierarquia das funções" e "ordem das operações", não encontrou no recuo ou na diferença das cores nas opções (mais claro e mais escuro) nenhuma correspondência satisfatória que lhe permitisse utilizar essa ferramenta: "não entendi essa parte aqui, porque não clica no 180°?".

Os *frames* com informações sobre a hierarquia das funções são muito importantes para o processamento sintático na leitura das interfaces. Os leitores precisam da informação de que, em algumas situações, é preciso seguir uma ordem hierárquica bem definida para executar alguma ação. Eles devem saber que os objetos (textos, imagens, células de uma planilha, etc.) precisam estar selecionados para que possam ser manipulados ou que alguns comandos ficam indisponíveis dependendo da ação que foi executada anteriormente. Uma análise dessas situações nos testes de leitura mostrou que algumas ações são mais facilmente identificadas. Selecionar um objeto para depois recorrer às ferramentas que alteram suas propriedades não foi problema para os sujeitos da pesquisa. Quando isso não acontecia, o problema era rapidamente identificado.

O problema maior é justamente quando tanto a ferramenta quanto a dinâmica do programa eram desconhecidos dos leitores, o que fazia com que eles se perdessem na navegação. Sem conhecimentos suficientes, a grande dificuldade era entender os erros, voltar ao início da tarefa e começar de novo. Luciana executou corretamente toda a sequência necessária para colorir o preenchimento do **WordArt**, usando inclusive a opção **Visualizar** para testar suas escolhas. Mas em vez de clicar no botão **OK** para confirmar, clicou no botão de fechar a janela, e o texto voltou à cor inicial. Quando questionada, não soube explicar o que havia feito de errado. Rose se atrapalhou muito com a função de **Desfazer** e não conseguia compreender por que ela ficava indisponível quando a **Caixa de texto** estava ativa para edição. Gustavo demonstrou conhecimentos mais elaborados sobre essa dinâmica e conseguia explicar inclusive as ações erradas que fazia. Quando tentou acessar a ferramenta **Limpar imagem**, clicou acidentalmente no menu **Atributos**, ativando uma janela de opções. Sem fechá-la, tentou voltar ao menu **Imagem > Limpar imagem**, mas não conseguiu. Questionado sobre o que poderia ter ocasionado o problema, Gustavo explicou: "porque essa caixinha estava aberta antes. E eu preciso fechar ela primeiro". Ao contrário de Rose, que fechou a barra de ferramentas de texto e não conseguia localizá-la, Gustavo ativou essa mesma barra, clicando em **Exibir > Caixa de Ferramentas**.

Todas as situações acima, assim como várias outras, requerem a articulação de outros domínios que não só o de reconhecimento das unidades e o sintático. Cada programa possui uma dinâmica diferente e a compreensão dessa dinâmica pode auxiliar na construção de relações entre ações mais complexas na interface. A construção da coerência ou a ativação de processos de referenciação também podem auxiliar os leitores a construir esquemas mais elaborados sobre a forma como cada programa lida com essa hierarquia de ações. As operações de referência, necessárias para a construção das redes de integração conceptual e, portanto, para a construção dos sentidos, dependem da qualidade do processamento sintático e do reconhecimento de unidades. Como essas operações acontecem sempre de forma integrada, é difícil separá-las na tentativa de explicar o processo de compreensão.

No próximo tópico, buscamos algumas situações dos testes de leitura para ilustrar a forma integrada como atuam os domínios de leitura na interação nas interfaces gráficas dos computadores.

A construção da coerência

A compreensão, na leitura das interfaces, está relacionada à integração de esquemas mais complexos de integração que permitem o reconhecimento do que é possível fazer com cada recurso, o que envolve o mapeamento e a projeção seletiva de relações vitais de Identidade, Categoria, Propriedade e Representação entre esses recursos.

Entender como lidar com textos no PowerPoint e no Paint pode ser um exemplo da importância da integração dos domínios cognitivos (reconhecimento de unidades, sintático e semântico) na construção de sentidos. A compreensão dessas ações requer a construção da habilidade de relacionar partes do texto para formar um sentido global. É necessário que o usuário tenha um esquema bem definido a respeito de cada programa para que possa utilizá-lo sem maiores impasses.

No PowerPoint, a confusão conceitual entre as Propriedades dos objetos manipulados (**Caixa de texto**, **WordArt**, **AutoFormas**, **Clip-Art**) foi um grande complicador para os usuários leigos. Sem diferenciá-los em Categorias, os leitores tiveram dificuldade em localizar as ferramentas adequadas tanto para acioná-los quanto para alterar suas Propriedades. Luciana tentava colorir o **WordArt** com a ferramenta que modifica a cor do texto normal e, para mudar a cor do **Plano de Fundo**, recorreu à opção **Cor da fonte**. Vanessa clicou em **Formatar > Plano de fundo** para alterar a cor da **Caixa de texto** e tentou utilizar o ícone **Cor do preenchimento** para alterar a cor do texto comum. Nesses casos, o reconhecimento das unidades depende totalmente de uma compreensão mais ampla sobre as dinâmicas específicas de cada programa, da forma como alteram e gerenciam as Categorias e suas Propriedades.

No Paint, a ação de inserir textos é diferente de programas como o Word e o PowerPoint. No programa de desenhos, o texto perde sua Propriedade de ser editado e passa a integrar a Categoria desenho. Essa dinâmica fez com que Rose gastasse a maior parte do tempo para digitar o texto e se perder entre as funções de **Desfazer** e **Limpar** imagem. Ao escrever, a estudante desativava a caixa de texto sempre que tentava modificar o tamanho e o tipo de letra, e não conseguia entender o que estava acontecendo.

Diferenciar e usar os ponteiros do *mouse* em diferentes contextos foi uma das ações de maior dificuldade dos leitores da pesquisa. Foi possível perceber que as marcas de seleção projetadas para diferenciar formas e situações não foram suficientes para que um usuário leigo conseguisse diferenciá-las e compreender como atuavam na realização das ações integradas (ampliar, esticar, mover, apagar, editar, etc.).

Luciana e Rose tiveram muita dificuldade para manipular os objetos na tela. Não conseguiam associar os ponteiros do *mouse* às marcas de seleção e, sempre que tentavam aumentar ou mover um item, qualquer que fosse, gastavam um tempo enorme. Luciana, tentando identificar os ponteiros do *mouse*, pergunta: "essa setinha é para arrastar ou para aumentar?". Quando tentava desenhar a estrela, tirou uma conclusão que ilustra bem sua incapacidade de construir um sentido mais amplo para a ação que realizava: "parece que ela aumenta só em um tamanho, depois não aumenta mais". O desconhecimento faz com que os leitores confundam as Propriedades de um elemento digital com outros do mundo "analógico".

Nas hipóteses iniciais desta pesquisa, prevíamos que, ao lidar com a interface gráfica, os sujeitos recorrem a conhecimentos e habilidades acumuladas de diversas práticas, por exemplo, de processos motores como apontar, apertar, puxar, esticar, clicar, digitar; e de práticas em ambientes de trabalho (copiar, recortar, riscar, marcar o texto, ampliar com a lupa, arrastar objetos e documentos, etc.). Os dados da pesquisa demonstram que a pura e simples projeção das Propriedades de objetos e processos de outras práticas que não aquelas específicas do ambiente digital pode dificultar a construção de sentido, o que não significa a condenação das metáforas e outras estratégias de representação. Na verdade, o papel do leitor é justamente o de desconstruir essa representação de forma coerente e adequada ao texto com o qual está lidando.

Conhecer uma funcionalidade do ambiente digital é, sem sombra de dúvidas, uma habilidade que envolve o processamento em paralelo de vários domínios de leitura. O leitor das interfaces precisa primeiro construir uma hipótese correta sobre a tarefa e, para isso, é necessário que ative conhecimentos sobre o que o programa é capaz de fazer. Ele precisa também escolher o ícone adequado e executar todas as sequências determinadas para aquela ação, como mover e/ou selecionar objetos, alternar entre janelas, escolher opções, confirmar o que escolheu, retornar às opções, se for o caso.

Durante todo esse processo, que também não segue uma sequência linear (o leitor pode identificar um ícone e a partir daí construir uma hipótese para a tarefa que realizará), é muito importante para os leitores ter um mínimo conhecimento sobre os limites e as possibilidades do processamento digital de informações. Concluir, como Luciana, que a estrela "não aumenta mais de tamanho" ou, como Rose, que "o computador não está desfazendo mais" são comportamentos típicos de usuários que ainda não construíram esquemas suficientemente refinados sobre a sintaxe de cada programa e, mais ainda, sobre a sintaxe da interface.

Essa falta de elementos nos quais se apoiar para ativar espaços mentais adequados ao uso das interfaces faz com que sensações de medo e insegurança também sejam integradas à mescla. Isso impede os usuários de arriscar, de buscar comprovação para suas hipóteses, de tentar entender seus erros. A fala de Vanessa representa muito bem essa limitação dos usuários leigos de computador: "nada do que eu mexer aqui vai atrapalhar o computador, né? [...] eu tenho medo de ficar mexendo muito e dar biziu".

Com um conhecimento claramente mais refinado sobre a dinâmica organizada pela sintaxe das interfaces, Gustavo arriscava o tempo todo, buscando comprovação para suas hipóteses e reconstruindo-as, quando necessário. Para reproduzir um desenho, por exemplo, o estudante clicou em vários menus e opções, antes de ir pelo caminho convencional (copiar e colar). Questionado pela pesquisadora, ele explicou: "eu estava pensando em selecioná-la e copiá-la, daí copiar e colar várias vezes, mas eu estava procurando um atalho ali, porque talvez não fosse necessário fazer isso". A fala de Gustavo demonstra a qualidade dos conhecimentos que ele ativou para realizar a tarefa. Apesar de conhecer o caminho convencional, o estudante ativou o *frame* "atalho", que é uma metáfora para caminhos mais curtos, e se aventurou em novas tentativas, buscando alternativas. Claramente, Gustavo também já tinha estabilizada a ideia de que, no computador, existem diversas formas de se realizar uma mesma tarefa.

Habilidades de leitura e de navegação

Durante a execução das tarefas, a dificuldade dos leitores em localizar informações na interface foi potencializada pelo nível das habilidades de leitura de que dispunham naquele momento. Algumas informações simples não foram localizadas porque o leitor limitou a sua busca a pontos já percorridos na interface e simplesmente não leu o comando que procurava.

Vanessa, tentando localizar a ferramenta para retirar o preenchimento de uma caixa de texto, ativou o ícone correto, mas não conseguiu encontrar a opção adequada na lista exibida. Ela já havia recorrido ao mesmo ícone para colorir as caixas de texto, mas sua ação anterior fez com que limitasse sua leitura às partes do texto que já conhecia (**Mais cores de preenchimento** e **Efeitos de preenchimento**). Condicionando sua leitura a áreas seguras na tela, ficou 16 segundos analisando o menu, lendo em voz alta as opções que conhecia. Como não conseguiu encontrar o que queria, começou a buscar alternativas, fora do ícone adequado. Quando sugeri que ela clicasse novamente no ícone e lesse novamente todas as opções do menu ativo, Vanessa se surpreendeu ao encontrar o que procurava. Nesse momento, a própria Vanessa reconheceu o que provavelmente a impediu de localizar a opção correta: "Um professor meu falou assim, que tudo que você for fazer você tem que ler tudo, não pode deixar nem uma palavra para trás, e eu tenho mania de ler só o que me interessa". Provavelmente, Vanessa se referia à sua habilidade de localizar informações explícitas no texto – ou à falta dela. Quando essa habilidade não é bem desenvolvida, os leitores costumam direcionar sua atenção aos "pontos seguros" do texto, que contêm informações familiares, e não se aventuram por áreas do texto que consideraram mais difíceis ou que simplesmente não foram processadas corretamente.

O conhecimento dos leitores é indispensável para que consigam estabelecer estratégias que lhes permitam inferir sobre a localização das informações no texto. Segundo Fulgêncio e Liberato (2001, p. 78), "quando falham estratégias de inferência ou outros recursos externos que possibilitem a compreensão do significado de um trecho, resta ao leitor a alternativa de 'pular' aquele pedaço do texto", que é o que provavelmente acontece quando os leitores da interface se deparam com estruturas ou expressões desconhecidas.

Mesmo em textos com condições satisfatórias de usabilidade e legibilidade, como é o caso da interface dos programas escolhidos nesta pesquisa, a falta de conhecimento a respeito do tópico em questão (no caso, a tarefa que deveriam executar) prejudicou a elaboração de previsões e inferências por parte dos leitores e, dessa forma, tornou a leitura mais lenta, estressante e cansativa.

Tanto Luciana quanto Rose e Vanessa, quando desconheciam a tarefa que precisavam executar, ou não sabiam a que ferramenta recorrer na tela, percorriam com o *mouse* toda a janela do programa, ícone por ícone, menu por menu, sem muitos critérios ou hipóteses pré-construídas. A fala da Rose representa perfeitamente a concepção dessas estudantes a respeito de estratégias de leitura. Questionada quanto às estratégias de busca que organizou para localizar a ferramenta de que precisava, Rose responde que o seu critério é "ir olhando, onde achar que é, eu clico".

Essa atitude se assemelha à reação de leitores com poucas habilidades de leitura quando procuram informações nos textos predominantemente verbais. Sem conhecimento mínimo para construir suas estratégias, percorrem o texto do início ao fim, muito superficialmente. Gustavo, por outro lado, apesar de suas respostas no questionário terem indicado um usuário inexperiente, acabou demonstrando conhecimentos e habilidades mais refinados que as outras informantes. Ele, que fez o teste em menos da metade do tempo das estudantes, demonstrou ter habilidades para construir previsões que lhe permitissem criar estratégias de busca na interface.

Quando questionado sobre seus critérios para localizar a ferramenta que aumenta a espessura do pincel, Gustavo explicou: "o **Editar** foi o principal, mas como não achei, fui no **Arquivo**. Depois fui procurando pela ordem dos menus mesmo". Apesar de suas previsões estarem incorretas, o estudante demonstrou habilidade para prever a localização da ferramenta e, com isso, diminuir seu tempo de busca.

Gustavo, ao contrário das outras informantes, demonstrou que possui conhecimentos suficientes sobre a interface para fazer previsões e construir inferências, que são, segundo Fulgêncio e Liberato (2001, p. 81), dois processos que dependem de informações não visuais, ou seja, que não estão explícitas no texto. Nesse sentido, acreditamos que Gustavo possivelmente já vivenciou, tanto quantitativa quanto qualitativamente, práticas de leitura e navegação que lhe permitem construir com mais clareza uma coerência temática para a interface.

Esses dados reforçam a forma "moebiana" a partir da qual atuam as habilidades de leitura e de navegação na construção de sentido das interfaces gráficas do computador. Tais habilidades se influenciam e se retroalimentam o tempo todo, num processo que tem no conhecimento dos leitores e na capacidade de realizar conexões entre os domínios cognitivos um importante aliado.

A compreensão da sintaxe da interface

Como vimos, existem nas interfaces digitais certa estabilidade formal, seguida por diversas plataformas, que não só o Windows (Linux, Macintosh, etc.). O conjunto dessas características forma uma sintaxe, mais maleável e mais dinâmica do que a sintaxe de outros gêneros e suportes, mas com igual valor normativo (ou, por que não, prescritivo, para o caso daqueles que seguem à risca as heurísticas de usabilidade). A Engenharia Semiótica é um campo de estudo que corrobora essa afirmação:

> A usabilidade do sistema é uma resultante das condições potenciais do usuário entendê-lo, aprender sobre ele e utilizá-lo de formas criativas. Esta abordagem apenas reforça a preocupação do projetista de interfaces com relação à forma que melhor pode expressar ao usuário o que o sistema faz. A consistência da linguagem de interface, enquanto um sistema semiótico, é fundamental no processo de comunicação usuário-sistema (MARTINS; DE SOUZA, 1998, p. 2).

A compreensão da ação dos signos na interface como um sistema semiótico, que pode ser coerente e consistente quando as marcas e os padrões estão bem estabelecidos pelos projetistas, favorece o desempenho dos leitores ao lidarem com as interfaces digitais.

Com esta pesquisa, mais do que aprender sobre conhecimentos ativados pelos leitores na identificação dos ícones e outros elementos da tela, foi possível conhecer estruturas cognitivas acionadas por esses leitores para textualizar as interfaces, ou seja, reconhecer, distinguir, julgar, generalizar e operar sobre suas marcas e convenções.

A seguir, algumas habilidades importantes que, se bem articuladas, podem auxiliar na leitura e na navegação das interfaces digitais:

- Identificar o ícone/menu adequado para sua tarefa;
- Recorrer à legenda (*tooltip*) dos ícones quando tiver dúvidas sobre sua função;
- Conhecer ou buscar conhecer diferentes possibilidades de se realizar uma mesma ação;
- Conhecer e diferenciar os elementos de cada programa (**Caixa de texto**, **Clip-Art**, **Texto**, **Figura**, **Imagem**, **Desenho**, **WordArt**, **Auto-Forma**, etc.), diferenciando-os em Categorias estáveis e reconhecendo suas Propriedades particulares;
- Identificar ferramentas adequadas às Propriedades de cada objeto (texto, figura, desenho, contornos, preenchimentos, fundos, etc.);
- Compreender a *gestalt* dos objetos disponíveis no seu campo visual;
- Conhecer ponteiros do *mouse* e associá-los às marcas de seleção dos objetos para arrastar, mover, aumentar, diminuir, esticar, etc.;
- Conhecer e associar os ponteiros do *mouse* ao *status* do computador (ocupado, trabalhando em segundo plano, ativado para texto, etc.);
- Realizar projeções adequadas às representações pictóricas dos ícones, diferenciando possibilidades das ações do mundo "analógico" e do mundo digital;
- Desenvolver habilidades motoras e conceptuais para clicar, clicar duas vezes, apontar, desenhar formas e imagens predefinidas, fazer marcas de seleção com o *mouse*, arrastar;
- Diferenciar ações específicas do *mouse* e do teclado;
- Reconhecer o *status* dos ícones e outros *widgets* (ativado/desativado) e relacionar esse *status* ao contexto da ação;
- Projetar adequadamente o *frame* de uma ação a outra de natureza semelhante;
- Conhecer a sintaxe da interface para prever sequências de ações, relacionando cada passo ao anterior e ao próximo, sem a necessidade de memorizar rotinas.

Acreditamos que os relatos extraídos dos testes de leitura nos ajudaram a repensar a ideia de a frequência de uso do computador ser um fator de letramento digital, na interação nas interfaces. A estudante Vanessa usa o computador todos os dias em seu ambiente de trabalho, mas a qualidade desse uso não lhe permitiu construir estruturas conceptuais, que lhe habilitassem à construção de um conhecimento mais integrado e sistêmico sobre a gramática das interfaces. Por outro lado, o estudante Gustavo, mesmo não utilizando o computador com tanta frequência, demonstrou certas habilidades e conhecimentos que lhe permitem generalizações e julgamentos mais coerentes e estáveis.

É difícil determinar quantitativamente o número de habilidades necessárias para que seja possível utilizar melhor essas interfaces, mas esta pesquisa nos leva a crer que quanto mais e melhores relações e integrações forem sendo construídas pelo leitor nas suas práticas e ações no computador, provavelmente, mais facilidades ele terá para atuar nos diferentes programas.

O alerta do historiador Roger Chartier (1998) sobre as reais rupturas promovidas pelos meios digitais mostra-se pertinente e adequado ao objeto desta pesquisa. Referindo-se aos diferentes suportes materiais a partir dos quais o homem vem construindo e reconstruindo o hábito de ler, o pesquisador lembra que uma das maiores rupturas está ligada à perda de referências em relação aos procedimentos necessários para se ajudar a leitura. Segundo Chartier, processo semelhante aconteceu com surgimento do códice, que aos poucos substituiu o rolo (ou volumen) como suporte para os hábitos de leitura. Nesse período, os "leitores defrontavam-se com um objeto novo, que lhes permitia novos pensamentos, mas que, ao mesmo tempo, supunha o domínio de uma forma imprevista, implicando técnicas de escrita ou de leitura inéditas" (CHARTIER, 1998, p. 93).

A compreensão dessas rupturas só é possível quando os domínios e o reconhecimento de unidades, sintático e semântico, atuam de forma integrada, estabilizada e coerente. Mesmo realizando funções específicas, são totalmente interdependentes, porque se influenciam e se retroalimentam. A falta de referentes dos leitores leigos pode prejudicar o reconhecimento de unidades e o processamento sintático e, dessa forma, comprometer toda a rede de integração conceitual necessária para a utilização do computador. As atividades de leitura e de navegação só são possíveis na interface quando os usuários constroem sentidos mais gerais sobre o gênero com o qual estão lidando, integrando seu conhecimento prévio às suas especificidades.

Na integração cognitiva de "alto nível", as operações que regem tanto a leitura quanto a navegação são da mesma natureza. Nessa perspectiva, talvez seja possível, ao refletirmos sobre os dados e as análises realizadas nesta pesquisa, levantar a hipótese de que um bom leitor pode não ser um navegador competente, mas uma boa habilidade para realizar projeções, generalizações e julgamentos pode formar tanto bons leitores quanto hábeis navegadores.

É nesse sentido que acreditamos no desafio do letramento digital. Se pensarmos que praticamente todas as atividades no computador são condicionadas ao uso das interfaces, talvez seja necessário refletirmos sobre propostas de ensino-aprendizagem que favoreçam a compreensão do sistema semiótico estruturador das interfaces digitais ou, como propomos neste trabalho, da compreensão da sintaxe das interfaces.

Referências

CAFIERO, D. *A construção da continuidade temática por crianças e adultos: compreensão de descrições definidas e de anáforas associativas.* Tese (Doutorado em Linguística), Instituto dos Estudos da Linguagem, Universidade Estadual de Campinas, Campinas, 2002.

CHARTIER, R. *A ordem dos livros*: leitores, autores e bibliotecas na Europa entre os séculos XIV e XVIII. 1. ed. Trad. Mary del Priore. Brasília: Editora Universidade de Brasília, 1994.

COSCARELLI, C. V. Alfabetização e letramento digital. In: COSCARELLI, C. V.; RIBEIRO, A. E. (Org.). *Letramento digital*: aspectos sociais e possibilidades pedagógicas. Belo Horizonte: Autêntica, 2005. p. 25-40.

COSCARELLI, C. V. Entre textos e hipertextos. In: COSCARELLI, C. V. *Novas tecnologias, novos textos, novas formas de pensar*. Belo Horizonte: Autêntica, 2002. p. 65-84.

COSCARELLI, C. V. Espaços hipertextuais. In: ENCONTRO INTERNACIONAL LINGUAGEM, CULTURA E COGNIÇÃO, 2., Belo Horizonte, jun. 2003. *Anais...* Belo Horizonte: FaE/UFMG, 2003. (CD-ROM)

COSCARELLI, C. V. *Leitura em ambiente multimídia e produção de inferências*. Tese (Doutorado em Estudos Linguísticos), Faculdade de Letras, Universidade Federal de Minas Gerais, Belo Horizonte, 1999.

COSTA VAL, M. da G. Repensando a textualidade. In: AZEREDO, J. C. (Org.). *Língua portuguesa em debate*: conhecimento e ensino. Petrópolis: Vozes, 2000. p. 34-51.

FAUCONNIER, G.; TURNER, M. *The way we think: conceptual blending and the mind's hidden complexities.* New York: Basic Books, 2002.

LÉVY, P. *A ideografia dinâmica*: rumo a uma imaginação artificial? Trad. Marcos Marciolino e Saulo Krieger. São Paulo: Loyola, 1998.

LIBERATO, Y.; FULGÊNCIO, L. *A leitura na escola*. São Paulo: Contexto, 2001.

LIBERATO, Y.; FULGÊNCIO, L. *É possível facilitar a leitura*: um guia para escrever claro. São Paulo: Contexto, 2007.

MARTINS, I. H.; DE SOUZA, C. S. Uma abordagem semiótica na utilização dos recursos visuais em linguagens de interface. In: WORKSHOP DE FATORES HUMANOS EM SISTEMAS COMPUTACIONAIS, 1., Maringá, 12-13 out. 1998. *Anais do IHC'98*. Disponível em: <http://www.serg.inf.puc-rio.br/>. Acesso em: 7 nov. 2007.

NIELSEN, J. *Ten usability heuristics*. 2005. Disponível em: <http://www.useit.com/papers/heuristic/heuristic_list.html>. Acesso em: 13 ago. 2007.

PREECE, J.; ROGERS, Y.; SHARP, H. *Design de interação*: além da interação homem-computador. Trad. Viviane Possamai. Porto Alegre: Bookman, 2005.

PRESSLEY, M.; AFFLERBACH, P. *Verbal protocols of reading*: the nature of constructively responsive reading. Mahwah, New Jersey: Lawrence Erlbaum Associates, 1995.

RIBEIRO, A. E. *Navegar lendo, ler navegando*: aspectos do letramento digital e da leitura de jornais. Tese (Doutorado em Estudos Linguísticos), Faculdade de Letras, Universidade Federal de Minas Gerais, Belo Horizonte, 2008.

TALIN. A Summary of principles of user-interface design. 1998. Disponível em: <http://www.sylvantech.com/~talin/projects/ui_design.html>. Acesso em: 13 ago. 2007.

TOGNAZZINI, B. First Principles of interaction design. 2003. Disponível em: <http://www.asktog.com/basics/firstPrinciples.html>. Acesso em: 13 ago. 2007.

Os *hiperlinks* e o desafio das conexões em hipertexto enciclopédico digital

Ilza Maria Tavares Gualberto

Este artigo é parte de minha pesquisa de doutorado,[1] em que observei a influência dos *hiperlinks* na construção do significado na leitura de hipertexto enciclopédico digital. Parti do pressuposto de que as características dos termos linguísticos materializados nos *hiperlinks* poderiam instigar ou inibir a navegação do hiperleitor. Levei em consideração que tais características eram determinadas por relações vitais fortes ou relações tênues[2] entre o *hiperlink* e o espaço genérico ativado por uma âncora material que representasse a temática. Além disso, assumi a hipótese de que, à medida que o hiperleitor acessasse determinados *hiperlinks*, espaços mentais seriam construídos, produzindo espaços emergentes, cujas significações seriam possíveis por meio do estabelecimento de relações vitais. Utilizei como aporte a teoria dos Espaços Mentais de Fauconnier (1994; 1997) e a Teoria da Mesclagem Conceitual de Fauconnier e Turner (2002). Com o objetivo de analisar o hipertexto enciclopédico digital, adaptei textos da Wikipédia, selecionando *hiperlinks* cujas relações entre o hipertexto-base e o bloco acessado fossem caracterizadas como relações vitais fortes ou relações tênues. Esses *hiperlinks*, caracterizadores dos textos digitais, já eram recorrentes nas enciclopédias impressas, construindo conexões por meio de remissões a outros verbetes e páginas.

---

[1] GUALBERTO, Ilza Maria Tavares. *A influência dos hiperlinks na leitura de hipertexto enciclopédico digital*. Belo Horizonte: Fale/UFMG, 2008.

[2] A expressão *relação tênue* foi utilizada por Militão (2007) para designar espaços que não se ligavam a outros na rede e, portanto, ficavam soltos representando relações vitais tênues. Neste artigo, opto por usar a expressão *relação tênue* explicitando uma relação muito fraca com o espaço genérico ativado.

A enciclopédia e as conexões

A enciclopédia tradicional, impressa, era reconhecida em função do número de volumes, o que determinava a quantidade de informação disponível. As mudanças vieram à medida que surgiram as possibilidades de publicação em formato digital, que rompeu com os limites impostos pelo impresso. A ideia de enciclopédia como base de dados, voltada para uma perspectiva de inventário e de conservação, vem se alterando para uma nova proposta de articulação e de invenção, como aponta Pombo (2006):

> Um primeiro traço característico deste novo tipo de enciclopédia diz respeito à incomparável facilidade e velocidade de percurso de leitura que ela proporciona. Liberto da necessidade de manipulação de grossos volumes, o leitor pode deslocar-se com grande rapidez e eficiência, pode saltar de um volume a outro pelo simples "clic" do rato de um computador. O itinerário de leitura mais ou menos clássico para que apontava ainda a história recente da enciclopédia deu por isso lugar à "navegação", "surfing" ou " viagem ciberespacial" para a qual, aliás, é fornecido ao "internauta", todo um arsenal de dispositivos: cartas, guias com ilustrações, manual com explicações, exemplos, códigos, sinais de circulação e recuo (Pombo, 2006, p. 278).

A autora sugere que a enciclopédia eletrônica, em função dos diversos recursos oferecidos pelo meio digital, parece instigar e exigir que o leitor utilize muito mais suas capacidades sensoriais, uma vez que lida simultaneamente com movimento, som, imagem e texto verbal, diferentemente da enciclopédia tradicional, limitada a uma materialidade verbal e não verbal.

A Wikipédia é considerada a maior enciclopédia *on-line* mundial. Encontra-se disponível em 187 idiomas e a versão em português apresenta, hoje,[3] 719.364 artigos, um número inimaginável para uma enciclopédia tradicional. O material disponível na Wikipédia pode ser acessado por categorias, pelo título dos artigos ou pela ferramenta de busca. Ao encontrar a informação pretendida, é possível navegar pelo artigo e, ao clicar em *hiperlinks* disponíveis no hipertexto, o usuário é levado para outros artigos dentro da própria Wikipédia ou para *sites* externos. A Wikipédia é considerada uma enciclopédia livre, pois permite que qualquer usuário a utilize ou edite algum artigo para compô-la. Graças a essa característica, a Wikipédia transforma-se todos os dias.

A enciclopédia eletrônica, tanto *on-line* quanto em CD-ROM, permite maior inter-relação entre diferentes textos, imagens, sons, além de ter o acesso favorecido através dos *hiperlinks*.

---

[3] De acordo com acesso realizado em 14 de abril de 2012.

Hiperlinks

Os *hiperlinks* representam uma das características do hipertexto digital. Eles funcionam como ligações entre os nós, pois o hipertexto é constituído por nós (ou conceitos) e ligações ou *hiperlinks* (relações). Os nós são constituídos por blocos textuais, que podem ser organizados em segmentos separados, embora inter-relacionados. No hipertexto, ocorre um conjunto de ligações associativas que conectam os nós numa rede principal. Assim, um hipertexto é uma rede desses nós, conectados pelas ligações. Um nó usualmente representa um único conceito ou ideia que pode ser construída a partir de um ou mais blocos textuais.

Para Rouet *et al.* (1996),

> [...] no hipertexto, a informação é organizada como uma rede em que os nódulos são partes de textos (ex.: listas de itens, parágrafos, páginas) e *links* são os relacionamentos entre os nódulos (associações semânticas, expansões, definições, exemplos, virtualmente algum tipo de relação pode ser imaginada entre duas passagens do texto) (ROUET *et al.*1996, p. 3).

No entanto, não existe uma indicação precisa de como esses nódulos serão compostos, nem tampouco onde inserir *links*. Esse aspecto é pontuado por Mcknight, Dillon e Richardson,

> [...] um *link* é arbitrário no sentido de que não existem regras para dizer onde o *link* deve ser feito. O *link* pode ser feito entre dois nódulos, os quais o autor (ou o leitor) considera ser conectado de alguma forma. Em alguns sistemas, os *links* são categorizados, isto é, existem vários tipos de *links* e o autor deve especificar qual tipo gostaria que fosse usado (MCKNIGHT; DILLON; RICHARDSON, 1991, p. 3).

Os autores apontam que a maioria dos sistemas lida com *links* não categorizados. Quanto ao nódulo de informação, ele pode ser um fragmento de música, uma parte de texto, um mapa, um filme completo, alguma coisa que o autor julgar adequado apresentar como unidade.

Assim, em um hipertexto, os nós estão conectados uns aos outros por meio dos links, ou *hiperlinks*, que são também, frequentemente, chamados de âncoras (MARCUSCHI, 2005). Para o autor, os *hiperlinks* referem-se a um problema de macrocoerência e as ligações previstas são instrumentos vitais para possibilitar a construção da coerência porque os *hiperlinks* geram expectativas diversas, dependendo de onde se situam. São instrumentos interpretativos, e não simples instrumentos neutros.

Para Koch (2005), os *hiperlinks* e os nós, tematicamente interconectados, serão os grandes contribuidores para a construção da coerência, pois apontam caminhos para o leitor. A partir dos *hiperlinks* e dos nós (blocos textuais) nos hipertextos, o leitor pode ou não manter-se fiel àquilo que é relevante para o seu propósito.

Os sentidos dos textos são construídos durante a leitura, mas pode-se afirmar que, em função de alguns dispositivos específicos como os *hiperlinks*, o hipertexto potencializa a leitura multisequencial e a construção de sentidos, noções já discutidas em relação ao suporte impresso. Esses dispositivos materializam as associações propostas pelo autor e viabilizam os percursos pretendidos pelo leitor.

Santaella (2004) chama a atenção para o fato de que, enquanto no texto impresso predomina um fluxo linear, no caso do hipertexto, essa linearidade rompe-se em unidades ou blocos de informação, cujos tijolos básicos são os nós e os nexos associativos, formando um sistema de conexões que permitem conectar um nó a outro, por meio dos *hiperlinks*.

Uma das principais inovações do texto eletrônico consiste, justamente, nesses dispositivos técnico-informáticos que permitem efetivar ágeis deslocamentos de navegação *on-line*, bem como realizar remissões que possibilitem acessos virtuais do leitor a outros hipertextos de alguma forma correlacionados (XAVIER, 2003).

Os *hiperlinks* podem ser fixos (aqueles que ocupam um espaço estável e constante no *site*) ou móveis (os que flutuam no espaço hipertextual, variando a sua aparição, conforme as conveniências do produtor), desempenhando funções importantes, entre as quais a dêitica, a coesiva e a cognitiva (KOCH, 2005).

HIPERLINK: UM DISPOSITIVO LINGUÍSTICO

Os *hiperlinks* dêiticos funcionam como focalizadores de atenção: apontam para um lugar "concreto", atualizável no espaço digital; ou seja, o site indicado existe virtualmente, podendo ser acessado a qualquer momento. Possuem, portanto, caráter essencialmente catafórico, prospectivo, visto que ejetam o leitor para fora do texto que está na tela, remetendo suas expectativas de completude para outros espaços. Isto é, como mostra Xavier (2003), "[...] são os *hiperlinks* que realizam a intertextualidade explícita, ou melhor, fazem acontecer a hiper-intertextualidade, já que viabilizam o diálogo instantâneo entre hipertextos *on-line*" (XAVIER, 2003, p. 287).

De acordo com Koch (2005, p. 65), os *hiperlinks* são dotados de função dêitica, pelo fato de monitorarem a atenção do leitor no sentido da seleção de focos de atenção, permitindo-lhe produzir uma leitura mais aprofundada e rica em pormenores sobre o tópico em curso, bem como cercar determinado problema por vários ângulos, já que remetem sempre a outros hipertextos que tratam de um mesmo tópico, complementando-se, reafirmando-se ou mesmo contradizendo-se uns aos outros. Certamente o *hiperlink* contribui para a construção da continuidade textual, uma vez que viabiliza possibilidades para que o usuário engendre novos caminhos e, consequentemente, novas significações serão construídas.

A autora ressalta também a função coesiva dos *hiperlinks*, ao afirmar que "[...] outra importante função dos *hiperlinks* é amarrar as informações, de modo a permitir que os leitores extraiam delas um conhecimento real e conclusões relativamente seguras, 'soldando' as peças esparsas de forma coerente, combinando adequadamente as pedras do mosaico" (Koch, 2005, p. 65).

Por essa razão, é importante para o produtor atar os *hiperlinks* de acordo com certa ordem semântico-discursiva, de modo a ajudar o hiperleitor na fluência da leitura e no encaminhamento da compreensão, sem excessivas interrupções ou rupturas cognitivas.

Hiperlink: um dispositivo cognitivo

De acordo com Koch (2005), do ponto de vista cognitivo, pode-se dizer que o *hiperlink* exerce o papel de um "compressor" de cargas de sentido. Para tanto, cabe ao produtor proceder a uma construção estratégica dos *hiperlinks*, de maneira que eles sejam capazes de acionar modelos (*frames*, *scripts*, esquemas, etc.) que o leitor tem representado na memória, levando-o a inferir o que poderá existir por trás de cada um deles, formulando hipóteses sobre o que poderá encontrar ao segui-los.

Os *hiperlinks* funcionam, portanto, como portas de entrada para outros espaços, visto que remetem o leitor a outros textos virtuais que vão incrementar a leitura. Por esse motivo, o *hiperlink* pode funcionar como um *space builder*, de acordo com a Teoria dos Espaços Mentais, de Fauconnier, uma vez que permite a abertura de um novo espaço. Cada novo espaço aberto torna-se, por alguns instantes, centro de atenção do leitor (espaço-foco), para, logo em seguida, descentralizar-se no momento da atualização de outro(s) espaço(s) da rede. Isso remete à ideia de compressão e de descompressão, operações responsáveis pela construção dos espaços mentais, o que corrobora a afirmação de que uma leitura é diferente das anteriores, e diferente para cada leitor, já que cada atualização é um evento único, e especificamente, no hipertexto, as possibilidades podem ser ampliadas pela presença dos *hiperlinks*.

Os hipertextos constituem uma rede que pode tratar de diversos temas, embora interligados; e, ao acionar a rede textual em dado momento, o leitor atualiza alguns desses textos de acordo com seus objetivos de leitura, marca trechos que considera importantes, associa os conhecimentos novos ao seu conhecimento prévio e vai construir um percurso próprio de leitura dentre os muitos outros possíveis. Dessa forma, espaços mentais serão construídos, comprimidos e descomprimidos para fazer emergir os significados.

Da Teoria dos Espaços Mentais à Teoria da Mesclagem Cognitiva

A Teoria dos Espaços Mentais, desenvolvida por Gilles Fauconnier (1994), refere-se ao processo de construção de significados como um processo de projeções em que os espaços mentais, *conceptual pegs*, são construídos pelo leitor/ouvinte durante o processamento do discurso.

De acordo com a Teoria dos Espaços Mentais, o processamento de um texto resulta de operações mentais detonadas pela materialidade linguística e resultam da interação entre conexões cognitivas e expressões linguísticas. O avanço dos estudos da Teoria dos Espaços Mentais permitiu a reformulação de alguns de seus pressupostos, desenvolvendo a Teoria da Mesclagem Cognitiva, de Fauconnier e Turner (2002), cujo enfoque está voltado para as formas e para os significados, e cuja operação básica é a mesclagem cognitiva em que emergem novas significados. Primeiramente, apresento uma breve revisão da Teoria dos Espaços Mentais, chegando finalmente à Teoria da Mesclagem Cognitiva.

> A linguagem não é, por si mesma, uma construção cognitiva, ela oferece lacunas, brechas, indícios, pistas para encontrar domínios e princípios apropriados para a construção numa dada situação. Desde que uma dessas lacunas seja combinada com uma configuração preexistente com princípios cognitivos disponíveis e *frames* anteriores, uma configuração apropriada pode ocorrer e o resultado ser superior a alguma outra informação explícita (FAUCONNIER, 1994, p. XVIII).

Fauconnier considera o processo de construção dos significados resultante de operações mentais instigadas pela materialidade textual. Isso significa que, ao analisar as atividades cognitivas humanas, jamais desassocia tais atividades daquelas de natureza linguística, uma vez que é a própria linguagem a via de acesso ao conhecimento das atividades cognitivas, e destaca que a materialidade é apenas o elemento mínimo, "visível", dentro da dimensão do processo de construção de sentido, representando apenas "a ponta do *iceberg* – as palavras – e nós atribuímos todo o resto ao senso comum" (FAUCONNIER, 1994, p. XVIII). O contexto discursivo faz parte desse senso comum que permite que espaços mentais sejam construídos, estruturados e conectados e isso se faz sob a influência de aspectos linguísticos, cognitivos e sociodiscursivos.

Os espaços mentais são constituídos de domínios nos quais os enunciados são interpretados. A configuração e o gerenciamento desses espaços são resultado de complexas operações cognitivas integradas por princípios especiais nos termos do modelo da Teoria dos Espaços Mentais.

De acordo com Fauconnier (1997, p. 34), "a linguagem é uma manifestação superficial das construções cognitivas altamente abstratas", pois, de acordo com esse autor, a linguagem dispõe de muitos mecanismos para guiar a construção e a conexão de espaços mentais. Esse teórico apresenta alguns deles, como os nomes e as descrições, o tempo e o modo verbal, as construções pressuposicionais, os operadores transespaciais, a identificação de elemento e os *space builders*, ou seja, construtores de espaços, que, segundo o autor, "é uma expressão gramatical que abre ou fecha um novo espaço ou muda o foco de espaço existente" (FAUCONNIER, 1997, p. 40). Os construtores de espaços tomam uma variedade de formas gramaticais, tais como expressões preposicionais, adverbiais, etc. A função das formas linguísticas na construção de espaços é guiar, indicar, sinalizar e, principalmente, ativar conhecimentos e *frames* que possam contribuir nessa construção. Uma "complementação" para a Teoria dos Espaços Mentais surge no momento em que Gilles Fauconnier e Mark Turner explicitam a Mesclagem Cognitiva, vista como um processo cognitivo complexo, resultante da reelaboração das informações importadas de, pelo menos, dois domínios cognitivos distintos, que são combinados no interior do espaço mesclado (FAUCONNIER; TURNER, 2002).

Os autores postulam que a mente humana cria e integra espaços mentais, projeta estruturas de alguns espaços para outros.

Espaços Mentais

Com a Teoria dos Espaços Mentais, Fauconnier (1994; 1997) e Fauconnier e Turner (2002) explicam como o leitor ativa e lida com diversos domínios na compreensão. Os autores defendem que a construção de domínios cognitivos em espaços mentais se dá a partir de materialidades linguísticas que permitem a construção de sentidos. De acordo com essa teoria, a compreensão ocorre por meio da criação, da articulação e da integração de espaços mentais.

Em entrevista, Fauconnier define que os espaços mentais

> [...] são pequenos conjuntos de memória de trabalho que construímos enquanto pensamos e falamos. Nós os conectamos em si e também os relacionamos a conhecimentos mais estáveis. Para isso, conhecimentos linguísticos e gramaticais fornecem muitas evidências para estas atividades mentais implícitas e para as conexões dos espaços mentais (COSCARELLI, 2005c).

Portanto, é a partir da materialidade linguística que encontramos indícios da construção e da conexão dos espaços mentais, porque estes

> [...] operam na memória de trabalho, mas são construídos parcialmente pela ativação de estruturas disponíveis na memória de longo termo. Espaços mentais são interconectados na memória de trabalho e podem ser modificados dinamicamente na medida em que pensamos e falamos e podem ser usados geralmente para modelar mapeamentos dinâmicos no pensamento e linguagem, os espaços têm elementos e muitas vezes relações entre eles. Quando estes elementos e relações são organizados como pacotes que já conhecemos, nós dizemos que este espaço mental está organizado e nós chamamos esta organização de frame (FAUCONNIER; TURNER, 2002, p. 102).

> Os espaços mentais são construídos dinamicamente na memória de trabalho, mas eles também podem tornar-se arraigados na memória de longo termo. Por exemplo, frames são espaços mentais arraigados que nós podemos ativar todos de uma vez (FAUCONNIER; TURNER, 2002, p. 103).

Ao transpor tais mecanismos de construção e de conexão de espaços mentais para o hipertexto digital, parece razoável considerar o *hiperlink* como um construtor de espaço que "abre e fecha um novo espaço ou muda o foco de espaço existente". Além disso, o *hiperlink* materializa-se através de uma forma linguística.

Merece destacar que a forma linguística, por si mesma, não detém nenhuma significação e cito, novamente, Fauconnier, que afirma que "nenhuma expressão linguística tem sentido em si mesma, tendo apenas um sentido potencial, e é somente no interior de um discurso completo e contextualizado que o sentido pode, realmente, ser produzido" (FAUCONNIER, 1997, p. 37). Portanto, a significação constrói-se discursivamente, à medida que os espaços mentais são construídos.

A afirmação de que a forma linguística não detém significação é retomada por Fauconnier e Turner (2002), quando utilizam a metáfora de Aquiles e sua armadura:

> Os milagres da forma guiam os poderes inconscientes e normalmente invisíveis dos seres humanos de construir significado. Forma é armadura, mas o significado é Aquiles, que faz com que a armadura seja tão formidável. A forma não apresenta o significado, mas, ao invés disso, identifica regularidades que acontecem no significado. A forma sugere significado e deve ser adequada à sua tarefa, assim como a armadura de Aquiles teve de ser feita para seu tamanho e habilidades. Mas ter a armadura não é nunca ter Aquiles; ter a forma [...] não é nunca ter o significado (FAUCONNIER; TURNER, 2002, p. 5).

De acordo com esses autores, as formas linguísticas sinalizam, indicam caminhos possíveis para a construção de significado, mas não o representam.

Frames

De acordo com Fauconnier e Turner (2002, p. 40), os "espaços mentais contêm elementos e são tipicamente estruturados por *frames*. Eles são interconectados e podem ser modificados, na medida em que o pensamento e o discurso progridem". Ao apontarem a importância dos *frames* na estruturação dos espaços mentais, os autores salientam os conhecimentos preexistentes, que, por sua vez, se ligam a aspectos culturais e sociais. Fillmore (*apud* COULSON, 2001, p. 18) "define *frame* como um sistema de categorias cuja estrutura possui raízes em algum contexto". Trata-se de um conceito voltado muito mais para aspectos semânticos e pragmáticos, diferentemente de Minsky (*apud* COULSON, 2001, p. 19), que ressalta o aspecto da organização estrutural, ao propor o termo *frame* para "estrutura de dados para representar situações cotidianas e típicas". Minsky oferece, como exemplo, uma festa de aniversário infantil como o tipo de situação que um *frame* pode representar. No exemplo, o *frame* inclui elementos como comidas, jogos e presentes que especificam traços gerais do evento. Assim, ao considerar o *frame* na construção dos espaços mentais, torna-se fundamental destacar que os elementos que o constituem fornecem subsídios para a realização do processamento, da construção e da conexão entre espaços.

Se considero o *hiperlink* como um construtor de espaço, materializado numa forma linguística cuja significação será construída discursivamente, torna-se fundamental considerar que o bloco textual ao qual o *hiperlink* remete deve ser adequadamente selecionado ou construído.

Dessa forma, é possível supor que o *hiperlink*, como um construtor de espaço, pode ativar *frames* que poderão configurar novos espaços a serem consolidados ou modificados pelo bloco textual disponibilizado no *hiperlink*.

Fauconnier (1997) apresenta uma descrição de como se processa a construção dos espaços no desenvolvimento do discurso. Ao iniciar um discurso, a partir de um espaço-base, vai-se criando uma configuração de espaços em cascata, como se envolvesse uma sequência em cadeia. Uma vez que uma forma linguística não possui significado em si mesma, ela apresenta um significado potencial que é ativado, podendo ser produzido, consolidado ou modificado dentro de um discurso. Esse significado corresponde a uma configuração cognitiva que resultou da ativação de uma representação, mais a forma linguística explicitada. É preciso considerar, também, que fatores pragmáticos, como a situação, os interlocutores, os objetivos, etc., contribuem com essa configuração. Ao apontar a situação, é preciso considerar as estruturas do conhecimento preexistentes demandadas e que são específicas a cada situação. Portanto, a forma linguística é necessária para ativar outros domínios e processamentos. "A língua não é, em si mesma, uma construção cognitiva. Ela nos oferece o mínimo, mas suficiente indício para preencher os domínios e princípios apropriados para a construção numa situação dada (Fauconnier, 1994, p. xviii)".

Dessa forma, é possível afirmar que o sentido produzido depende da configuração do espaço mental que foi ativado ou detonado a partir de formas linguísticas. A partir daí, os domínios são construídos. "Os domínios são também mentais e incluem modelos cognitivos e conceptuais anteriores, bem como espaços mentais introduzidos localmente que possuem somente uma estrutura parcial" (Fauconnier, 1997, p. 1). Ao falar em domínio, destaco que este pode envolver vários *frames*, os quais, por sua vez, teriam uma estruturação bem específica. Por exemplo, um domínio ligado à "festa de quinze anos" comportaria vários *frames* do tipo: contratação de serviço de bufê, estilo da festa, seleção da banda musical e de repertório, etc. Mesmo que os *frames* apresentem estruturação própria, eles se subordinam a um mesmo domínio. Outro exemplo pode ser a palavra "vírus", que pode remeter ao domínio computacional ou biológico, dependendo da situação em que o termo ocorre. Em função do domínio construído, *frames* específicos serão ativados como vacina ou antivírus; contaminação ou efeitos produzidos, medidas a serem tomadas, etc.

Os autores afirmam que, no processo de construção do significado, três operações básicas são implementadas de forma conjunta e recorrente: identificação, integração e imaginação.

A identificação refere-se à capacidade de conectar elementos entre os espaços mentais, ainda que esses elementos pareçam completamente diferentes. "É o reconhecimento da identidade, igualdade e equivalência" (Fauconnier; Turner, 2002, p. 6). A integração é uma operação cognitiva em que a estrutura de dois *inputs* mentais é projetada num terceiro espaço. Essa projeção é feita com base nas semelhanças entre os espaços, ou seja, a partir da identificação. Isso possibilita a projeção e o estabelecimento de relações entre elementos de cada um dos inputs e a imaginação, que, por sua vez, não ocorre sem a identificação e a integração. A imaginação permite que a capacidade criativa e inventiva aflore, possibilitando a construção de relações entre situações reais e imaginárias, possíveis e impossíveis, fantásticas e até difíceis de serem concebidas.

Fauconnier e Turner (2002) apontam que, na construção dos espaços mentais em geral, conectores especiais e de diferentes tipos ligam domínios entre si. Esses conectores permitem a continuidade de referência a ser assegurada ao longo do discurso, ou seja, um tipo de coesão, que permite um intercâmbio de informação, de tal modo que um elemento e cada uma de suas contrapartes possam ser associados com diferentes *frames* e propriedades. Isso pode ser explicado pelos mapeamentos que operam para construir e ligar os espaços mentais e são fundamentais para qualquer interpretação semântica ou pragmática de linguagem, bem como para qualquer construção cognitiva. Pode-se dizer que os mapeamentos são operações mentais complexas entre os domínios e imprescindíveis para produzir e interpretar significados. Esses mapeamentos levam à integração conceitual ou mesclagem cognitiva.

Compressão e descompressão

Por trás do processo da mesclagem, evidenciamos duas operações imprescindíveis a esse fenômeno cognitivo: a compressão e a descompressão. A *compressão* envolve uma espécie de empacotamento de informações na memória de trabalho, favorecendo e otimizando o processo de integração. Já na *descompressão*, as informações são descomprimidas, para serem utilizadas. Ocorre um tipo de decomposição que permite que tais informações sejam utilizadas. Fauconnier e Turner (2002) afirmam que a rede de integração conceitual contém compressões e descompressões que se realizam repetidamente, indo da compressão à descompressão e vice-versa. Para Coscarelli (2005b, p. 12),

> É interessante notar que tanto a mescla como a compressão seguem a regra da otimização de recursos, muito desejada em sistemas computacionais, que é a otimização: menor esforço gerando os maiores resultados possíveis. A compressão torna a informação mais fácil de manipular. Assim, não temos de guardar muita informação. Parece que guardamos algumas informações que ativam muitas outras (descompressão) quando necessário, possibilitando a construção de sentido, o estabelecimento de relações vitais de causa, consequência, tempo, espaço identidade, mudança, parte-todo, analogias, disanalogias entre outras, e consequentemente, a produção de inferências.

As operações de compressão e descompressão podem envolver diferentes relações entre seus elementos. Os autores apontam alguns tipos e subtipos: mudança, identidade, tempo, espaço, causa-efeito, parte-todo, representação, papel, analogia, disanalogia, propriedade, similaridade, categoria, intencionalidade e unicidade. Ainda segundo Fauconnier e Turner (2002), algumas relações podem ser comprimidas em outras. Por exemplo, a identidade pode ser comprimida em identidade e unicidade; causa-efeito pode ser comprimida em parte-todo; já identidade é frequentemente comprimida em unicidade. Pode-se observar que, de acordo com a análise que se pretende fazer, algumas relações podem incorporar outras. Essas relações entre os espaços mentais regulam as operações cognitivas durante a construção dos significados e são chamadas de "relações vitais"

Relações vitais

A contrafactualidade – responsável pelo estabelecimento de relações vitais – é vista como certa incompatibilidade entre espaços mentais específicos. A partir do exemplo de Fauconnier e Turner (2002, p. 87), "Não há leite na geladeira", o leitor constrói, com base nessa materialidade linguística, dois espaços que são incompatíveis. Em um, há leite na geladeira; e no outro, visto como contrafactual, aponta que a geladeira é o lugar onde se espera encontrar leite. Não haveria a mesma significação se se falar de livros ou plantas, que estabelecem relação improvável com o *frame* que temos de geladeira. Dessa forma, a contrafactualidade requer a construção de relações vitais entre os espaços acionados.

> Nós não estabelecemos espaços mentais, conexões entre eles e mesclas à toa. Fazemos isso porque isso nos dá um *insight* global, uma compreensão em escala humana e novos significados. Isso nos torna eficientes e criativos. Um dos aspectos mais importantes da nossa eficiência, *insight* e criatividade é a compressão conseguida através das mesclas (FAUCONNIER; TURNER, 2002, p. 92).

De acordo com Fauconnier e Turner (2002, p. 102), "as relações vitais são menos estáticas e unitárias do que nós imaginamos", uma vez que algumas relações vitais envolvem outras; algumas relações podem ser comprimidas e descomprimidas em outras. A analogia, por exemplo, pode ser comprimida em unicidade sem mudança; a disanalogia, em unicidade com mudança; a relação causa/efeito pode ser comprimida em parte-todo; a identidade envolve unicidade.

Destaco como essencial observar em que medida a presença de relações vitais mais fortes ou relações mais tênues interferem na construção da significação do hipertexto, pois, segundo Fauconnier e Turner (2002), "[...] uma impressionante propriedade geral da mescla é que ela pode comprimir uma relação vital em outra. Certamente, existem compressões canônicas relacionando diferentes relações vitais" (FAUCONNIER; TURNER, 2002, p. 314).

Montagem do estudo

Ao constatar a vastidão dos assuntos na Wikipédia, a quantidade de *hiperlinks* com características bem diversas e as infinitas possibilidades de navegação no ambiente *on-line*, optei pela adaptação de um hipertexto do *site* da Wikipédia em um ambiente *off-line*, com o objetivo de controlar os *hiperlinks* que representassem relações vitais fortes ou fracas e eliminar muitos *hiperlinks* que não se enquadrassem nessa categoria. Delimitei alguns aspectos do tema *Aquecimento Global* e o mesmo hipertexto foi reproduzido em três versões distintas em que se alteravam apenas os *hiperlinks* e a relação dos blocos textuais com o tópico central.

Na primeira versão, os *hiperlinks* eram materializados por expressões linguísticas que estabeleciam algum tipo de relação vital com o espaço genérico e cujos blocos textuais estavam fortemente correlacionados à temática do hipertexto. Na segunda versão, os *hiperlinks* eram materializados por expressões linguísticas cuja relação com o espaço genérico foi considerada tênue, pois mantinha uma baixa previsibilidade no frame que era ativado pelo espaço genérico. Na terceira versão, os *hiperlinks* eram os mesmos da versão 2, com a diferença de que os blocos textuais não estabeleciam relações diretas com o espaço genérico, mantendo apenas relação com o termo materializado no *hiperlink*.

Para analisar o papel dos *hiperlinks* na construção de sentidos, utilizei a Teoria da Mesclagem Cognitiva de Fauconnier e Turner (2002), a qual articula forma e significado e na qual os autores postulam que, na construção de significados, espaços mentais são criados e integrados por meio da compressão e da descompressão de relações vitais, projetando, assim, novas estruturas.

Analisei os textos produzidos pelos sujeitos que acessaram os *hiperlinks*, com o objetivo de verificar qual foi a contribuição dos *hiperlinks* para a construção da significação textual. Utilizei as noções de espaço genérico, de espaços *inputs* e de espaço emergente (FAUCONNIER; TURNER, 2002). Sendo o espaço genérico aquele ao qual o discurso está ancorado, ou seja, o ponto de partida, nessa pesquisa, ele foi representado pelo tópico central: "Aquecimento Global".

O espaço *input* é aquele sobre o qual a atenção se centra momentaneamente. É aberto e fechado por meio de âncoras materiais representadas por expressões linguísticas que se restringiram, nesta pesquisa, aos *hiperlinks*, os quais foram considerados construtores de espaços, os *spaces builders*, uma vez que podem sinalizar e indicar para o leitor novos espaços a serem abertos e construídos. Os construtores de espaços, materializados linguisticamente por expressões e tecnicamente por *hiperlinks* no hipertexto digital, foram considerados, portanto, espaços *inputs*. Um novo espaço foi considerado como aquele construído somente se o sujeito utilizasse elementos "recrutados" (FAUCONNIER; TURNER, 2002) do bloco textual que compunha o *hiperlink*.

Para a coleta de dados, cada bloco textual que compunha o *hiperlink* foi mapeado considerando aspectos centrais, a partir das questões *o quê* ou *quem, para quê, onde, quando, como* e *por quê*, de acordo com cada bloco.

As três versões obtidas tinham como objetivo verificar se as características dos termos linguísticos, materializados nos *hiperlinks* ou espaços *inputs*, interferiram na construção da significação textual.

Para isso, foram propostas três tarefas. Primeiramente, a produção escrita de um texto para ser veiculado em um panfleto, a partir da pesquisa realizada no hipertexto adaptado. A produção do texto para o panfleto tinha como objetivo verificar a contribuição do *hiperlink* para a construção de sentidos na leitura do hipertexto, observando se instigava ou não o aceso do hiperleitor ao bloco textual a que o *hiperlink* remetia. Os sujeitos, portanto, poderiam buscar subsídios para a produção do panfleto no hipertexto, o qual estaria disponibilizado na tela do computador com seis *hiperlinks* passíveis de serem acessados.

Em segundo lugar, deveriam responder a perguntas sobre o conteúdo do hipertexto de acordo com a versão que leram. Em função de as versões 2 e 3 apresentarem os mesmos *hiperlinks*, divergindo apenas nos blocos textuais, foram utilizadas as mesmas perguntas. A expectativa era de que as perguntas oferecessem uma contribuição mais localizada nos blocos textuais a que os *hiperlinks* remetiam. Elas contemplavam duas questões de localização de informações e duas inferenciais.

Em terceiro lugar, foi feita uma breve entrevista com os sujeitos, a qual possibilitou uma avaliação a respeito dos *hiperlinks* presentes no hipertexto, bem como obter uma justificativa para as ações executadas.

O texto produzido pelos sujeitos foi utilizado para uma análise, em que se buscou inferir e comparar as estruturas semânticas do hipertexto com aquelas produzidas pelos sujeitos para os panfletos. Durante a execução da tarefa, observei os movimentos do leitor frente ao hipertexto e tabulei quais *hiperlinks* foram acessados pelos leitores e quantas vezes. Esses dados foram utilizados na entrevista, realizada em seguida.

Alguns resultados

A tarefa de produção do panfleto permitia ao sujeito participante da pesquisa duas possibilidades: na primeira, ele poderia pesquisar, navegar, buscar no hipertexto disponível todas as informações que quisesse, para, depois, produzir o texto, podendo retornar ao hipertexto quantas vezes sentisse necessidade, sem nenhuma restrição. Na segunda, poderia, à medida que pesquisasse, produzir concomitantemente o texto. Em função da possibilidade que o sujeito tinha de clicar ou para ler ou para produzir, optei por considerar conjuntamente as atividades de leitura e escrita e tabular apenas um acesso ao *hiperlink*, independentemente de ter ocorrido no momento de ler ou de produzir.

A partir daí, obtive os seguintes percentuais:

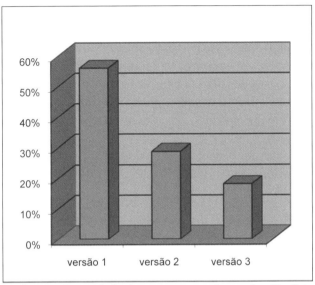

Gráfico 1 – Quantidade de acessos em cada versão - Panfleto

O Graf. 1 permite visualizar que existe diferença importante entre a quantidade de acessos referentes a cada versão. O percentual de acessos na versão 1 é bastante superior às demais versões. Esse resultado corrobora a hipótese de que os termos linguísticos materializados nos *hiperlinks*, quando estabelecem relações vitais com o espaço genérico ativado pela temática central, instigam o leitor a acessá-los. Nas versões 2 e 3, cujos *hiperlinks* estão representados pela mesma materialidade linguística, o percentual de acessos foi bastante inferior, ressaltando que tais *hiperlinks* representam relações mais tênues com o espaço genérico.

Na versão 1, ocorreu pouca oscilação entre os percentuais de acessos, uma vez que, em todos os *hiperlinks*, os acessos se mantiveram acima de 60%. Na versão 2, foi possível observar algo interessante, pois os percentuais se mantiveram os mesmos, com exceção de um *hiperlink*, o qual não possuía nenhuma questão referente a ele. Na versão 3, a queda do número de acessos entre os *hiperlinks* referentes às primeiras e às ultimas questões parece sinalizar que, em função de não encontrar possibilidade de construção de significados coerentes para as respostas das questões, os sujeitos vão desistindo de acessar os *hiperlinks*.

O fato de acessar um *hiperlink* não significa, necessariamente, que o sujeito participante construiu alguma significação com base na materialidade linguística disponibilizada no bloco textual. Tal possibilidade só poderia ser observada através de indícios materializados linguisticamente no texto do panfleto produzido pelos sujeitos. Dessa forma, passei a analisar os textos que foram produzidos.

Nessa tarefa de produzir um panfleto para os alunos visitantes de outras escolas, eu esperava que os participantes da pesquisa reconstruíssem espaços referentes aos *hiperlinks* ou espaços *inputs* que foram acessados, deixando em seus textos marcas linguísticas que permitissem recuperar as relações vitais construídas na leitura do hipertexto. O foco da análise foi os *hiperlinks* que funcionam como espaços *inputs* que permitem a construção de novos espaços.

O gráfico a seguir permite melhor visualização dos indícios de utilização de significações construídas pelos leitores que foram encontrados nos textos produzidos.

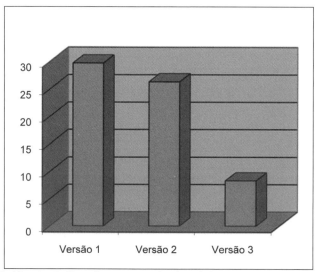

Gráfico 2 – Indícios linguísticos dos *hiperlinks* acessados - Panfleto

Em relação aos indícios linguísticos encontrados nos textos produzidos, é possível observar certa proximidade nos resultados referentes às versões 1 e 2. É importante destacar que na versão 1 os *hiperlinks* eram representados por termos que estabelecem relações vitais com o espaço genérico e os respectivos blocos textuais que sustentam tais relações. Já na versão 2, embora os *hiperlinks* mantenham relações tênues com o espaço genérico, os blocos textuais estão diretamente relacionados a esse espaço genérico. Isso contribui para corroborar a hipótese de que o estabelecimento de relações vitais é essencial para a construção de sentidos e que não apenas o *hiperlink*, mas também o bloco textual deve permitir a construção de tais relações.

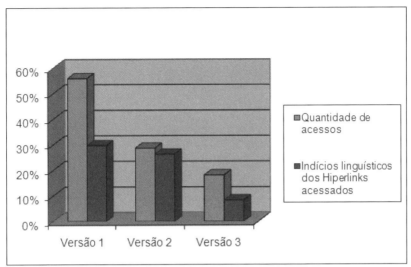

Gráfico 3 – Comparação Acessos x Indícios - Panfleto

Em relação aos acessos, parece que, de certa forma, os *hiperlinks* materializados por relações vitais fortes instigaram mais o hiperleitor a acessá-los do que os *hiperlinks* cujas relações eram tênues. No entanto, em relação à utilização das informações nos panfletos produzidos, foi possível observar indícios que sinalizam que a relação vital é também fundamental no bloco textual disponibilizado pelo *hiperlink*, uma vez que os percentuais de indícios linguísticos encontrados nas versões 1 e 2 são bastante próximos. Na versão 3, tanto o percentual de acessos quanto os indícios linguísticos encontrados nos textos produzidos foram baixos. Esse resultado, possivelmente, pode estar relacionado ao fato de as informações do bloco não corresponderem às expectativas dos hiperleitores, ou seja, não manterem com o espaço genérico algum tipo de relação, como revelaram alguns depoimentos apresentados em uma entrevista feita após a execução das tarefas.

Foi feita uma análise global de todos os panfletos produzidos pelos sujeitos, explicitando a qualidade dos textos em cada versão. Mesmo que já tenha levado em conta o número de acessos aos *hiperlinks* e o uso de significações construídas a partir do bloco textual, considerei relevante fazer uma análise comparativa da qualidade dos textos com o intuito de observar se o fato de acessar mais ou menos *hiperlinks* poderia interferir no produto final. Parti do pressuposto de que quanto mais contato o sujeito tivesse com o hipertexto, isto é, com os blocos textuais acessados pelos *hiperlinks*, mais significações teriam sido construídas e possivelmente mais conhecimentos teriam sido ativados e utilizados na produção do panfleto. Pautada nesses aspectos, apresento as seguintes observações sobre os textos produzidos.

Os panfletos dos sujeitos que leram a versão 1 apresentaram-se mais consistentes quanto às unidades de informação e mais articulados em relação aos demais panfletos produzidos, porque os sujeitos apresentaram, em seus textos, o problema (aquecimento global), explicitando o que é, por que e como acontece o fenômeno; enfatizaram a necessidade de mudanças, destacando medidas como o Protocolo de Quioto, como alternativa para diminuir o problema; e mencionaram as consequências desastrosas do aquecimento global, de diferentes formas, tais como: catástrofes globais, efeitos potenciais, danos irreversíveis, problemas sem solução, etc. Além disso, nos panfletos, instigava-se o interlocutor à ação diante de um problema e buscava-se interagir com esse problema utilizando formas linguísticas como: "agora cabe a nós", "Conscientize-se", "Todos sabem", "Nós precisamos", "Todos esperamos", etc. Parece-me que apontar as consequências negativas e buscar a adesão do interlocutor às ideias apresentadas são características importantes em um panfleto de conscientização.

Os panfletos produzidos pelos sujeitos que leram a versão 2 apresentaram-se consistentes em relação às unidades de informação, uma vez que oferecem informações relevantes como *o quê, como, por quê*, características, etc. Neles, os sujeitos destacam as consequências desastrosas do aquecimento global enfatizando problemas de saúde provenientes desse fenômeno, o que não foi feito pelos sujeitos da versão 1.

Os panfletos produzidos pelos sujeitos que leram a versão 3 parecem menos consistentes quanto às informações que apresentaram, uma vez que restringiram os aspectos básicos observados: *por quê, como, quando*, características, consequências, etc. Alguns sujeitos desconsideraram totalmente o hipertexto-base e construíram um texto com informações de seu próprio repertório de conhecimentos. Pude constatar a utilização de informações isoladas, tornando o texto fragmentado, o que compromete a articulação e a relação entre as proposições. Verifiquei, também, que alguns sujeitos interromperam abruptamente o assunto, sem uma finalização adequada dos textos. Quanto aos indícios do gênero *panfleto*, pude observar o enfoque aos cuidados que as pessoas precisam atentar em relação ao meio ambiente, bem como o uso de marcas de interatividade que buscam compartilhar com o leitor o problema e convencê-lo a aderir a suas ideias, ao usar termos como: "Você pode não saber, mas é agente da poluição"; "Precisamos estar atentos", "Se não se conscientizar não haverá amanhã".

Enfim, quanto à qualidade dos textos, é possível afirmar que os panfletos produzidos pelos sujeitos que leram a versão 1 são qualitativamente melhores do que os da versão 2, os quais, por sua vez, são melhores do que os da versão 3. Acredito que essa qualidade esteja associada ao acesso a uma quantidade maior de informação coerente com o espaço genérico ativado pela temática central. Isso significa que mais significações foram construídas e, de certa forma, contribuíram para a qualidade dos textos que estavam sendo produzidos. Foi interessante observar como os sujeitos em seus textos, nas três versões, apresentam marcas de interatividade. Acredito que as condições de produção, especificamente a tarefa de produzir um panfleto, tenha sido responsável por essas características, que foram materializadas linguisticamente nos textos produzidos pelos sujeitos.

Quanto ao uso do conhecimento prévio, pude observar, nos panfletos dos sujeitos que leram a versão 3, maiores indícios de utilização de repertório próprio. Talvez esse resultado esteja associado à falta de construção de conexões dos blocos textuais a que os *hiperlinks* remetiam e ao fato de que poucas informações relevantes presentes no hipertexto-base tenham instigado o hiperleitor a buscar e a utilizar conhecimentos próprios. Enfim, arrisco-me a afirmar que a quantidade de acessos e a qualidade dos blocos textuais acessados interferiram na qualidade da compreensão e, consequentemente, na qualidade da produção.

Quanto à tarefa de responder a questões, todos os *hiperlinks* foram acessados, uma vez que a atividade demandava a busca de respostas. É fundamental considerar que, se os sujeitos acessaram o *hiperlink* no momento de ler ou produzir o texto, não teriam necessariamente de acessá-lo novamente no momento de responder às questões. Esse argumento foi utilizado por muitos sujeitos no momento da entrevista. Portanto, os resultados apresentados consideraram os acessos aos *hiperlinks*, em qualquer momento da pesquisa, ou seja, se o sujeito acessou para ler, para escrever ou para responder à pergunta.

Por meio da tarefa de responder questões, busco indícios mais localizados do papel do *hiperlink* para a construção da significação textual. Foram propostas quatro questões para cada hipertexto, sendo duas inferenciais e duas de localização de informação no texto. As questões da versão 1 são diferentes das questões das versões 2 e 3, tendo em vista que os *hiperlinks* são também diferentes. As questões instigaram os sujeitos a clicarem em *hiperlinks* específicos para responderem a elas. Os resultados aqui apresentados explicitam quantas vezes os sujeitos acessaram os *hiperlinks* durante a tarefa, buscando estabelecer relação entre eles e o objetivo da questão.

Na tarefa de responder às questões, foi possível verificar que o acesso ao *hiperlink* garantiu que as informações construídas fossem utilizadas na produção das respostas na versão 1. Esse resultado deve-se ao fato de os blocos textuais disponibilizados pelos *hiperlinks* manterem relações vitais fortes com o espaço genérico ativado.

Na versão 2, o número de sujeitos que acessou o *hiperlink* em algum momento da pesquisa foi o mesmo em todas as questões. O número de sujeitos que utilizou as informações foi bastante próximo da versão 1. Com esses resultados, é possível supor que, mesmo que o *hiperlink* mantenha uma relação tênue com o espaço genérico, a materialidade linguística disponível no bloco textual é fundamental para que os sujeitos construam significações relacionadas ao espaço genérico ativado. Isso foi possível porque, na versão 2, a materialidade linguística do bloco textual mantinha relação vital forte com o espaço genérico. Vale ressaltar que o alto percentual de acessos provavelmente foi afetado pela tarefa de responder a questões que instigava e, de certa forma, "obrigava" o acesso ao *hiperlink*.

A versão 3 apresentava blocos textuais que não estavam relacionados à temática. Dessa forma, foi necessário subdividir os itens "considera" e "não considera", já que considerando ou não a informação do bloco, os sujeitos poderiam ou não construir relação com o tópico central. Da mesma forma que, ao "não considerar", ele também poderia construir ou não tal relação.

Uma vez que a tarefa de responder a questões instigava os sujeitos a acessarem os *hiperlinks*, é possível observar que isso foi feito nos primeiros *hiperlinks* do hipertexto. O mesmo não ocorre em relação aos últimos. Possivelmente, em função de constatarem que os blocos textuais não atendiam às suas expectativas de leitura, os sujeitos desistiram de acessá-los. Outro resultado bastante relevante refere-se àquilo que os sujeitos fazem com as significações construídas. A maioria dos sujeitos não considerou as informações do bloco textual e utilizou informações do próprio conhecimento. Outros consideraram as informações e inseriram complementações com o objetivo de estabelecer relações com o sentido construído a partir da materialidade linguística disponibilizada. É interessante notar a necessidade ou o esforço de alguns sujeitos para construir sentidos, ou seja, uma relação lógica entre o *hiperlink* e o tema, estabelecendo, assim, a unidade temática de sua leitura.

O gráfico a seguir apresenta o resultado das três versões em relação à atividade de responder a questões.

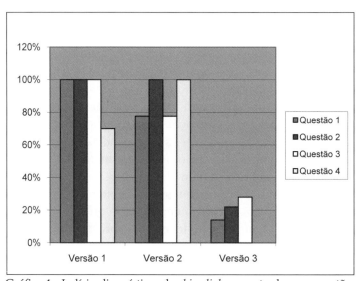

Gráfico 4 – Indícios linguísticos dos *hiperlinks* encontrados nas questões

Na versão 1, é possível constatar que, nas questões 1, 2 e 3, todos os sujeitos que acessaram os *hiperlinks* utilizaram significações construídas a partir do bloco textual. Apenas na questão 4 o percentual foi de 70%. Esse resultado pode estar ligado à característica da questão 4, a qual, além de ser inferencial, exigiu do hiperleitor o estabelecimento de relação entre três *hiperlinks* distintos, o que reflete uma complexidade maior.

Na versão 2, embora os *hiperlinks* mantivessem uma relação tênue com o espaço genérico, as significações possíveis de serem construídas a partir do bloco textual são relações vitais fortes e isso, possivelmente, garantiu que os hiperleitores utilizassem tais significações na produção das respostas às questões.

Na versão 3, cujos *hiperlinks* são os mesmos da versão 2, com o diferencial no bloco textual disponibilizado, as significações construídas foram bastante inferiores, uma vez que tais significações não estabeleciam relações vitais com o espaço genérico ativado. Em relação à questão 4, nenhum sujeito considerou as informações construídas a partir do *hiperlink*, provavelmente em função da característica inferencial da questão e da impossibilidade de construir relações coerentes já verificadas nas questões anteriores.

Após a realização das atividades de produção do panfleto e de responder às questões propostas, os sujeitos foram submetidos a uma breve entrevista, que consistia de quatro questões.

A primeira indagava sobre a importância do *hiperlink* para a pesquisa que estavam realizando, e a maioria dos sujeitos que leu a versão 1 respondeu que o *hiperlink* foi importante, pois ofereceu mais informações sobre o assunto e esclareceu as dúvidas que queriam. Na versão 2, três sujeitos não acessaram *hiperlink* algum e, indagados sobre o porquê, disseram que não houve necessidade, pois as informações que queriam estavam no texto-base; além disso, os *hiperlinks* não pareciam importantes para serem utilizados na produção do panfleto. Na versão 3, todos os sujeitos acessaram algum *hiperlink*. No entanto, indagados sobre a contribuição desses para a produção do panfleto, muitos hesitaram, dizendo "mais ou menos", e justificavam:

> **S1G3** – *Muita informação não tinha nada a ver com o que eu tava querendo...*
>
> **S6G3** – *Não ajudaram muito não, porque dão uma ideia muito geral e não especificam direito o assunto'. Parece que falam de coisa que não tem nada a ver...*
>
> **S7G3** – *Era muita informação e, às vezes, elas não batiam, produzia muita confusão.*
>
> **S8G3** – *Alguns sim. Acho que só escala, apesar de ser muito confuso... acho que sou eu que não entendo esses trem direito...*

> **S10G3** – *De certa forma, acho que não. Não era bem o que eu estava procurando. Falavam de outras coisas.*

Em relação à questão 2, que indagava sobre os *hiperlinks* mais importantes, foram apontados pelos sujeitos como os mais importantes aqueles em que eles clicaram.

As questões 3 e 4 foram agrupadas, tendo em vista as respostas dadas pelos sujeitos, pois o mesmo que os sujeitos respondiam na 3, respondiam na questão 4, a qual indagava por que clicou nos *hiperlinks* X e não clicou nos *hiperlinks* Y. Seguem alguns exemplos:

> **S2G1** – *Porque achei que eram os pontos mais importantes e foram os que mais chamaram a minha atenção.*
>
> **S3G1** – *Achei que tinha mais a ver com o assunto.*
>
> **S4G1** – *Sabia vagamente sobre o assunto e queria mais informações para usar no texto.*
>
> **S2G2** – *Para saber mais sobre o assunto e assim produzir o texto.*
>
> **S4G2** – *Era o* link *de que eu precisava de mais informação.*
>
> **S10G2** – *Para buscar mais aprofundamento nos temas.*
>
> **S6G3** – *Dão mais informações sobre o assunto. Não foi exatamente o que aconteceu, mas era o que eu esperava.*
>
> **S7G3** – *Por que não estava tudo explícito no texto. Eu achei que fosse ilha de calor, mas quando li, vi que era pedaço de terra.*
>
> **S8G3** – *Para definir melhor o que era.*

As respostas dadas nas entrevistas sinalizaram que os *hiperlinks* da versão 1, os quais mantinham relações vitais com o espaço genérico ativado, são importantes e as significações construídas a partir do bloco textual foram utilizadas tanto na produção do texto do panfleto quanto nas respostas às questões.

Na versão 2, os sujeitos apontaram também para a importância dos *hiperlinks* e destacaram que o hipertexto-base foi suficiente para produzir o panfleto, não sendo necessário acessar nenhum *hiperlink* para tal tarefa, a não ser para responder a questões específicas.

Quanto à versão 3, os sujeitos indicaram que os *hiperlinks* não ajudaram muito, uma vez que as informações disponibilizadas no bloco textual não atendiam às suas expectativas de leitura.

Alguns sujeitos quiseram fazer comentários no final das tarefas. Portanto, foram depoimentos espontâneos e nem todos se manifestaram. Eis alguns:

> **S1G1** – *Quando faço pesquisa, normalmente entro no Google ou Cadê, digito o que eu quero e acho o texto. Aí, eu não tenho costume de ficar*

entrando nos links *não. Eu dou uma olhada, uma lida rápida, copio e colo. Senão demora muito.*

O sujeito S1G1 não acessou nenhum *hiperlink*, nem mesmo para responder às perguntas. Comentário semelhante foi feito pelo sujeito S1G2, que também não acessou nenhum *hiperlink*.

> **S1G2** – *Eu tiro o trabalho na internet, de última hora, clicando no* site *Google, e aí eu copio e colo e, se der tempo, então eu passo o olho. Respondi com base apenas no texto principal.*

> **S6G2** – *[...] a inserção de vídeos seria muito importante para ajudar as pessoas a entenderem melhor o assunto. Por exemplo: calor e aquecimento alterando a pele das pessoas.*

O sujeito S11G2, ao ler e produzir o texto, clicou apenas nos *hiperlinks* escala e soluções, mas, ao responder às perguntas, clicou em todos os *hiperlinks* necessários, tanto que na questão 1 afirmou que, *"com certeza, os* links *foram importantes, porque peguei quase tudo dos* links*"*. E fez o seguinte comentário:

> **S11G2** – *Sou preguiçoso e não gosto muito de ler. Ontem mesmo fiz um trabalho de Física de oito páginas, eu nem li direito, copiei e colei. Fiz a capa e entreguei para a professora.*

O sujeito S11G2 parece querer justificar o fato de não clicar no momento da leitura e produção, pois utilizou apenas informações que pudessem ser construídas a partir do hipertexto-base. Entretanto, viu-se obrigado a acessar os *hiperlinks* para responder às questões.

Já os sujeitos do grupo 3, cujos *hiperlinks* não estavam relacionados à temática aquecimento global, mas apenas ao termo materializado no *hiperlink*, fizeram comentários diferentes:

> **S6G3** – *A senhora podia me explicar o que as ilhas têm a ver com isso tudo, porque eu não entendi direito.*

Assim, o sujeito S6G3 explicita a dificuldade em comprimir a significação construída a partir do bloco textual com o espaço genérico que estava ativado: "aquecimento global".

Já o sujeito S3G3 fez a seguinte observação:

> **S3G3** – *Eu só entrei nos* links*, porque tinha pergunta para responder.*

> **S10G3** – *Porque preferi colocar com as próprias palavras, fiquei com preguiça de clicar e depois não achar nada interessante.*

> **S11G3** – *Eu cliquei em escala porque não sabia nada, mas eu tenho desânimo de ficar entrando nos* links*.*

Os depoimentos apresentados espontaneamente por alguns alunos soaram-me como justificativas por não terem acessado os *hiperlinks*, uma vez que as primeiras questões da entrevista indagavam sobre a importância dos *hiperlinks* na leitura e produção. A seguir, apresento algumas conclusões deste trabalho e ressalto algumas de suas implicações teóricas e práticas.

Considerações finais

Os resultados da pesquisa permitiram-me observar que *hiperlinks* materializados por termos linguísticos que mantêm relações vitais fortes com a temática, ou seja, cujos *hiperlinks* fazem parte do *frame* ativado correspondendo ao espaço genérico, instigam mais o leitor a acessá-los e a atingir o bloco textual. Observei, também, que o simples acesso ao bloco textual não é garantia de que espaços mentais serão construídos e utilizados em novas significações, uma vez que os percentuais de indícios linguísticos encontrados foram bastante inferiores na tarefa de produção do panfleto. Quanto à tarefa de responder a questões, o mesmo resultado não foi obtido, conforme pode ser visualizado no gráfico a seguir.

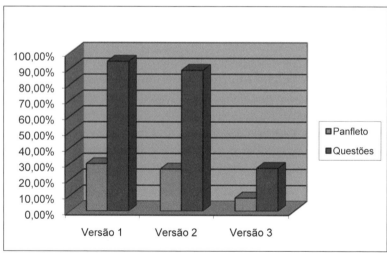

Gráfico 5 – Comparação dos Indícios: Panfleto x Questões

É possível observar que, na tarefa de responder a questões, foram encontrados muito mais indícios linguísticos de significações construídas pelos sujeitos a partir do bloco textual do que na tarefa de produção do panfleto. Vale lembrar que, dos 37 acessos ocorridos na versão 1 para a produção do panfleto, apenas 11 indícios foram encontrados. Já na tarefa de responder a questões referentes à mesma versão, dos 37 acessos ocorridos, foram encontrados 34 indícios linguísticos nas questões respondidas referentes aos *hiperlinks* acessados. Quanto à versão 2, dos 19 acessos ocorridos para a produção do panfleto, foram encontrados cinco indícios dos *hiperlinks* utilizados; e, na tarefa de responder a questões, dos 36 acessos ocorridos, foram encontrados 32 indícios. Na versão 3, dos 11 acessos ocorridos na produção do panfleto, apenas um indício foi encontrado e, na tarefa de responder a questões, dos 26 acessos, apenas sete indícios linguísticos foram encontrados.

Tal resultado indica que a tarefa apresentada ao usuário parece ser um aspecto importante para instigar o acesso ao *hiperlink* e o uso das significações construídas a partir da materialidade linguística disponibilizada. Além disso, a característica do *hiperlink*, ou seja, a relação que estabelece com o espaço genérico ativado, também é fundamental na construção da significação.

Foi possível observar que, ao construir espaços mentais, os sujeitos partiram de um modelo cognitivo que foi ativado e favoreceu a ativação de espaços mentais para essa situação específica, que podia envolver conhecimentos que são especificamente culturais, escolares, enciclopédicos, etc., pois, de acordo com Fauconnier e Turner (2002, p. 355), "sem determinados conhecimentos, torna-se difícil construir espaços e mesclá-los". Além disso, de acordo com os autores, determinados termos linguísticos evocam *frames* particulares. Desses *frames*, deve ser selecionado um que organiza todos os eventos contrastantes, uma vez que o leitor busca o tempo todo a construção de relações coerentes entre elementos linguísticos. Isso pôde ser observado, claramente, na versão 3, quando os sujeitos se depararam com o *hiperlink* ilhas, que remetia ao bloco textual que explicitava apenas o conceito de ilhas como porções de terra. Desconsiderando apenas tal significação, os sujeitos buscaram estabelecer outras relações e explicitaram que as ilhas eram provenientes do degelo das calotas polares.

Ao relacionar informações construídas a partir do bloco textual disponibilizado pelo *hiperlink* e de informações do conhecimento internalizado dos sujeitos, foi possível observar que alguns elementos são tomados como mais relevantes e esses vão servir de âncora para o estabelecimento de relações entre informações. Para Fauconnier e Turner (2002, p. 334),

> [...] a expectativa de relevância em uma comunicação encoraja o ouvinte a procurar conexões que maximizam a relevância do elemento para a rede, e encoraja o falante a incluir na mescla elementos que propiciem as conexões adequadas na rede, mas também excluem elementos que podem levar a conexões indesejáveis.

Muitas vezes, elementos do conhecimento são mais relevantes para o leitor do que elementos do texto. Esse aspecto foi observado quando os sujeitos da pesquisa desconsideraram informações construídas a partir do bloco textual e utilizaram informações do conhecimento que possuíam sobre o assunto.

O hipertexto apresentado permitia, por meio dos *hiperlinks* presentes, vistos como espaços *inputs*, que novos espaços mentais específicos pudessem ser criados apoiados em âncoras. Provavelmente, a construção de tais relações, do espaço genérico ativado com os *hiperlinks*, estaria sustentada por conhecimentos internalizados dos sujeitos com a temática envolvida, implicando que algumas formas linguísticas são mais adequadas que outras.

De acordo com Fauconnier e Turner (2002, p. 9), "algumas formas ajudam muito mais efetivamente na construção do significado que outras". Isso possibilita supor que a ocorrência de determinadas formas linguísticas em detrimento de outras pode ser proveniente das características das formas linguísticas que foram materializadas nos *hiperlinks*, ou seja, da relação que o *hiperlink* mantinha com o espaço genérico ativado, implicando que, quanto mais fortes forem as relações entre o *hiperlink* e o espaço genérico, melhor capacidade recursiva o leitor terá e mais coerente lhe parecerá a construção de sentidos. Tudo isso reforça o fato de que a construção de significados está fortemente relacionada à capacidade de o leitor mobilizar redes de conhecimentos previamente adquiridos.

Repensando alguns questionamentos iniciais desta pesquisa, acredito que um *hiperlink* possa ser representado por materialidades linguísticas diversas que remetem a blocos textuais bastante distintos. Portanto, não existe garantia de que um *hiperlink* possa cercar um problema de todos os ângulos, pois provavelmente nem todas as perspectivas serão contempladas pelos blocos textuais a que remetem os *hiperlinks*.

Merece ressaltar que, em relação à significação textual, é possível que o *hiperlink* e o bloco textual (versão 3) não relacionados ao tópico central acabaram não contribuindo para a significação textual, uma vez que foram desconsiderados pelos sujeitos tanto na produção dos textos quanto na tarefa de responder pergunta. Entretanto, esses *hiperlinks* interferiram deixando os textos qualitativamente piores, pois os sujeitos não construíram nem utilizaram informações que poderiam ser acessadas nos *hiperlinks*. Parece que, em função de ocorrerem relações tênues entre essas partes, não foi possível ao leitor acessar, construir significações e materializá-las. Isso aponta para o fato de que as relações vitais entre as diferentes partes são fundamentais para a construção da significação textual.

Foi possível perceber, também que, durante a realização das tarefas e da entrevista, o fato de lidar com hipertextos, principalmente de pesquisa escolar, é uma atividade que parece não estimular muito o acesso do sujeito aos *hiperlinks*, uma vez que a maioria apenas observa, às vezes lê rapidamente, "recorta e cola". Talvez esse comportamento "recorta e cola" não tenha sido possível, nesta pesquisa, porque a produção deveria ser realizada de forma tradicional (lápis e papel), sem o uso do computador na produção do texto. No entanto, os textos produzidos pelos sujeitos materializavam cópias das partes do hipertexto-base e, além disso, os depoimentos de muitos sujeitos explicitavam tal comportamento na prática escolar. Talvez esse comportamento seja um indicativo de alerta para os professores repensarem suas práticas pedagógicas.

Outro resultado que merece ser cuidadosamente analisado refere-se às questões e à forma como os sujeitos lidam com as informações. Na versão 1, quase todos os sujeitos que acessaram os *hiperlinks* consideraram o conteúdo dos blocos para executarem a tarefa. O mesmo aconteceu na versão 2, cujo bloco textual estava relacionado ao espaço genérico ativado. No entanto, na versão 3, a maioria dos sujeitos não considerou as informações apresentadas no bloco e, ainda assim, construiu alguma relação com o tópico. É possível perceber a necessidade do sujeito que, ao ler, busca, de todas as formas, construir alguma relação com a temática que está sendo desenvolvida.

É possível que, em virtude da necessidade que um leitor tem de buscar sentido em tudo o que lê, seja levado a construir relações, mesmo entre informações que aparentemente não possuam relação evidente ou previsível.

A construção da significação no hipertexto utilizado nesta pesquisa não se deveu necessariamente apenas às características dos *hiperlinks*, mas principalmente do bloco textual que estava disponibilizado pelo *hiperlink* e, consequentemente, à relação que esse estabelecia com o espaço genérico ativado.

Esta pesquisa, aplicável diretamente ao campo da educação, apresenta aspectos que me parecem relevantes em relação à utilização de hipertexto digital. O primeiro deles refere-se às características dos itens lexicais que são utilizados como *hiperlinks* e que podem instigar, ou não, o acesso a blocos textuais ou a outros hipertextos. Essas características estariam relacionadas a relações vitais mais fortes ou relações tênues entre os termos materializados nos *hiperlinks* e o espaço genérico ativado pela âncora material que sinaliza e, de certa forma, delimita um tema específico. O segundo aspecto remete às estratégias utilizadas pelos sujeitos frente a uma tarefa escolar. Parece razoável considerar que, quanto mais específica for a tarefa, mais exigências serão feitas para que o sujeito construa significações específicas. O terceiro aspecto diz respeito às características do hipertexto, tais como o tamanho, a quantidade e a qualidade das informações, bem como à tarefa proposta. Esses elementos vão delimitar o comportamento dos leitores, como aponta Coscarelli sobre "usar a informática e não ter aula de informática" (2005a, p. 32), ao destacar a necessidade de transformar os alunos em verdadeiros usuários familiarizados com os recursos que são disponibilizados nos computadores.

Enfim, uma pesquisa sobre a construção de significados em hipertexto enciclopédico digital, ainda que parcial, como a que apresentei aqui, pretende reforçar que é fundamental uma explicitação de parte do processo, pois isso constitui um recorte metodológico necessário. Este estudo revela, ainda, que reflexões sobre a construção de sentidos em hipertexto só se completarão em uma base de análise que busque integrar os diferentes componentes envolvidos no processo de construção de sentidos.

Mesmo reconhecendo o caráter flexível e as possibilidades de sobreposição das relações vitais, talvez seja possível indicar se o tipo de relação existente entre o *hiperlink* e o espaço genérico tem efeito diferenciado no acesso, ou seja, instiga mais ou inibe o leitor. É possível que determinadas relações sejam mais instigantes que outras. Acredito que essa possibilidade deve ser verificada em futuras pesquisas sobre o tema.

Outra pesquisa que me parece interessante está relacionada à atitude dos leitores quando encontram um *hiperlink*, cuja materialidade linguística estabelece uma relação vital forte com o espaço genérico ativado, mas, no entanto, o bloco textual é totalmente divergente do *frame* ativado.

Vale ressaltar, ainda, que nem todos os elementos constitutivos das teorias dos Espaços Mentais e Mesclagem Cognitiva foram considerados no quadro teórico apresentado. Por exemplo, não foi proposta deste trabalho analisar as redes de integração conceitual, apontadas por Fauconnier e Turner (2002, p. 19): "As múltiplas possibilidades para compressão e descompressão para a topologia dos espaços mentais, os tipos de conexões entre eles, os tipos de projeções e emergências e a riqueza do mundo produz um vasto aparato de tipos possíveis de rede de integração".

Dentre essa diversidade de tipos de rede de integração, os autores apontam a rede simples, a rede espelhada, a rede de escopo único e a rede de escopo duplo. Uma pesquisa que analise os tipos de redes de integração presentes em hipertextos parece ser instigante.

Além disso, os breves depoimentos apresentados por alguns participantes parecem indicar que, por trás das pesquisas escolares, há uma prática consolidando-se: a prática do recorta e cola, como destaca Santos (2007), ao discutir que a pesquisa escolar não deveria ser uma mera fábrica de "copia/cola", mas uma ferramenta com múltiplas possibilidades, uma vez que

> O uso da internet como meio de pesquisa e produção de conhecimento possibilita ao aluno participar, intervir, usar conceitos de bidirecionalidade (contidos nos *hiperlinks*), usar uma multiplicidade de conexões (hipertextos), aprender através de simulações, ter autonomia na organização dos conteúdos, ter acesso a conteúdos em diversos formatos (som, texto, imagens, vídeo, etc.) [...] (SANTOS, 2007, p. 274-275).

A autora destaca, ainda, que a pesquisa escolar voltada para uma prática que não gera reflexão nem conhecimento deve-se à falta de orientação e de acompanhamento do professor. Acredito que, além do que afirma Santos (2007), isso pode estar relacionado também a outros fatores. Sem, necessariamente, destacar por ordem de importância, o primeiro fator pode estar relacionado às características dos *hiperlinks* que não instigam o acesso do hiperleitor aos blocos textuais, como apresentado nesta pesquisa. Em segundo lugar, à tarefa proposta que, por ser muito ampla, não exige o acesso à construção de significações em blocos textuais específicos, portanto, qualquer recorte atenderá a proposta. Em terceiro lugar, ao formato do hipertexto que fornece todas as informações sem que haja necessidade de acessos a outros espaços. Possivelmente, muitos outros fatores podem estar favorecendo tal prática, mas a discussão merece ser feita em outro espaço e circunstâncias mais apropriadas por intermédio de novas pesquisas.

Acredito que, em função de as práticas escolares de leitura e de pesquisa no ambiente digital estarem ainda se consolidando, devem-se buscar estratégias que, de fato, instiguem a busca, a reflexão e a construção de significados, e não simplesmente a ação mecanizada "recorta e cola".

Referências

COSCARELLI, C. V.; RIBEIRO, A. E. (Org.). *Letramento digital*: aspectos sociais e possibilidades pedagógicas. Belo Horizonte: Autêntica, 2005a.

COSCARELLI, C. V. *Relatório de Pesquisa: a leitura de hipertextos*. San Diego: UCSD; Belo Horizonte: Fale/UFMG, 2005b. (Mimeo.)

COSCARELLI, C. V. Entrevista: uma conversa com Gilles Fauconnier. *Revista Brasileira de Linguística Aplicada*, v. 5, n. 2, p. 291-303, 2005c.

COULSON, S. *Semantic Leaps*. San Diego: Cambridge University Press, 2001.

FAUCONNIER, G. *Mappings in thought and Language.* Cambridge: Cambridge University Press, 1997.

FAUCONNIER, G. *Mental spaces.* Cambridge: Cambridge University Press, 1994.

FAUCONNIER, G.; TURNER, M. *The way we think: conceptual blending and the mind's hidden complexities.* New York: Basic Books, 2002.

KOCH, I. G. V. *Desvendando os segredos do texto.* 4. ed. São Paulo: Cortez, 2005.

MARCUSCHI, L. A. A coerência no hipertexto. COSCARELLI, C. V.; RIBEIRO, A. E. (Org). *Letramento digital*: aspectos sociais e possibilidades pedagógicas. Belo Horizonte: Autêntica, 2005. p. 185-207.

MCKNIGHT, C.; DILLON, A.; RICHARDSON, J. *Hypertext in context.* New York: Cambridge University Press, 1991.

MILITÃO, Josiane Andrade. *Retextualização de textos acadêmicos: aspectos cognitivos e culturais.* Belo Horizonte, Faculdade de Letras da UFMG, 2007. (Tese de doutorado)

POMBO, O. O hipertexto como limite da idéia de enciclopédia. In: POMBO, O.; GUERREIRO, A.; ALEXANDRE, A. F. *Enciclopédia e hipertexto*. Lisboa: Duarte Reis, 2006. p. 266-288.

ROUET, J.-F. *et al.* (Org.). *Hypertext and cognition*. Mahwah, New Jersey: Lawrence Erlbaum Associates, 1996.

SANTAELLA, L. *Navegar no ciberespaço*: o perfil cognitivo do leitor imersivo. São Paulo: Paulus, 2004.

SANTOS, E. M. Pesquisa na Internet. In: ARAÚJO, J. C. *Internet e ensino*: novos gêneros, outros desafios. Rio de Janeiro: Lucerna, 2007. p. 268-278.

XAVIER, A. C. Os processos de referenciação no hipertexto. *Cadernos de Estudos Linguísticos*, Campinas, n. 41, p. 165-176, jul./dez. 2003.

Rotas de navegação: a importância das hipóteses para a compreensão de hipertextos

Marcelo Cafiero Dias

Quando usou pela primeira vez o termo *surfing* (que se popularizou como "navegar" em português), Jean Armour Polly referia-se à capacidade de a Internet permitir ao usuário "saltar sobre oceanos e continentes e controlar computadores em lugares remotos" (POLLY, 1993) e talvez ainda não imaginasse o poder da metáfora que havia criado. A conexão de computadores em uma rede mundial permitiu a seus usuários acesso a uma vasta gama de informações, de catálogos de biblioteca e de programações da TV a fabricação de foguetes e explosivos caseiros. Conklin (1987, p. 19) afirmou que, "à medida que os hipertextos aumentam sua complexidade, torna-se angustiantemente fácil que o usuário se perca e fique desorientado". Portanto, assim como nos grandes oceanos, o mar de informações disponíveis na Internet pode tornar mais árdua a tarefa de localizar pontos de referência que auxiliem a navegação.

Conklin (1987) definiu a *desorientação*, junto com a *sobrecarga cognitiva*, como um problema intrínseco ao hipertexto. Nos anos seguintes, porém, vários autores (LANDOW, 1992; DEE-LUCAS, 1996; COSCARELLI, 2005; DIAS, 2008) questionaram esse problema sob a afirmação de que "usuários inexperientes podem se perder e ter problemas para gerenciar a navegação, mas assim que se familiarizam com o sistema e com os *sites*, esse problema desaparece" (LANDOW citado por COSCARELLI, 2005, p. 115). É possível que essa mudança no pensamento dos teóricos nos últimos anos deva-se a dois fatores: a evolução tecnológica e a definição dos objetivos de leitura.

A evolução tecnológica certamente modificou a forma de apresentação e de leitura de textos em ambientes digitais. Nas primeiras décadas de existência dos computadores pessoais (1970 e 1980), a navegação em hiperdocumentos com o uso de frases ou palavras em destaque que, ao serem clicadas, levariam a outro texto, limitava-se a alguns centros de pesquisa. Os computadores esforçavam-se para processar informações textuais e os monitores eram de baixa resolução. A criação dos *web browsers*, em 1991,[1] permitiu a disseminação do hipertexto e o consequente desenvolvimento de diversas formas de organizá-lo. O aumento da capacidade de processamento dos computadores e da resolução dos monitores permitiu maior integração entre texto, sons e imagens. Esses três fatores ampliaram as possibilidades de organização de um hipertexto e o tornaram uma ferramenta mais simples de ser utilizada.

No que se refere à definição dos objetivos de leitura, Coscarelli (2005, p. 115) afirma que, sem o estabelecimento de um propósito, é de se esperar que o leitor se sinta desorientado frente a um novo formato de organização de textos. A simples tarefa de "ler e reproduzir aquilo que foi compreendido" dificulta a compreensão, uma vez que não favorece o estabelecimento de estratégias de rastreamento de informações relevantes e o levantamento de hipóteses iniciais de leitura. Retomando a metáfora da navegação, seria como entregar uma nau a Pedro Álvares Cabral, sem nenhum mapa ou bússola, e dizer: "Vai em frente e vê se acha alguma coisa". Navegar é preciso, mas se orientar é fundamental.

Levantar hipóteses e fazer previsões a respeito do conteúdo do texto antes de iniciar a leitura é uma importante habilidade para uma melhor compreensão. As hipóteses refletem as expectativas do leitor frente ao texto e são orientadas por seus conhecimentos e pela situação enunciativa na qual se encontra. Se, em uma revista de divulgação científica, há um texto com o título "O segredo do Santo Sudário", o leitor esperará uma reportagem que trate cientificamente o assunto, relacionando fatos históricos, análises químicas e mitos religiosos.

> Ao formular hipóteses, o leitor estará predizendo temas, e, ao testá-las, ele estará depreendendo o tema; ele estará também postulando uma possível estrutura textual; na predição, ele estará ativando seu conhecimento prévio, e na testagem ele estará enriquecendo, refinando, checando esse conhecimento (Kleiman, 1992, p. 43).

Na leitura de um hipertexto, essas previsões orientam a escolha do caminho a seguir, são como rotas de navegação. O leitor selecionará um *link* se a hipótese sobre o seu conteúdo se adéqua a seus objetivos previamente

---

[1] O primeiro *web browser* era chamado de WorldWideWeb e foi arquitetado por Tim Berners-Lee, que alguns anos antes havia criado o protocolo de transferência HTTP e a programação em HTML. O WorldWideWeb teve seu nome alterado para Nexus, para evitar confusões com a www.

estabelecidos. A desorientação é, muitas vezes, consequência de uma viagem mal planejada.

Neste trabalho, analisaremos como o uso de diferentes modos – verbal e imagético – na organização da página inicial de um hipertexto afeta a elaboração de hipóteses por parte do leitor e quais as consequências desse fato para a navegação e para a compreensão do texto. Em um primeiro momento, buscaremos definir os conceitos de *hipertexto* e *leitura*, que são fundamentais para estabelecer o objeto de análise. Em seguida, apresentaremos o relatório de uma pesquisa realizada com a intenção de avaliar a compreensão de leitores ao serem apresentados a hipertextos organizados por diferentes formas. Por fim, apresentaremos as conclusões a respeito da pesquisa, relacionando seus resultados às considerações levantadas a respeito da influência da hipótese inicial para a definição de uma *rota de navegação* em um hipertexto.

Definindo hipertexto

Alguns autores (SANTAELLA, 2005; ARAÚJO, 2006; COSCARELLI, 1999; LÉVY, 1993) concordam com a ideia de que Vannevar Bush, em seu artigo *As we may think* (1945), lança as bases para um sistema de organização de informações armazenadas de maneira interconectada, nas quais um assunto levaria a outro, e que, na década de 1960, Theodore Nelson[2] revisita esse sistema, batizando-o de hipertexto (LÉVY, 1993). Bush, entretanto, deu a sua criação o nome de *memex*, uma máquina hipotética que tinha um funcionamento um tanto diferente de um hipertexto de Nelson.

> Um memex é um aparelho no qual um indivíduo guarda seus livros, gravações e cartas, e que funciona de tal maneira que possa ser consultado com extrema velocidade de maleabilidade. É um mecanismo pessoal de expansão da própria memória.
>
> Consiste de uma mesa que, podendo ser operada a distância, é essencialmente um móvel no qual se trabalha. Em seu topo existem telas angulares nas quais podem ser feitas projeções da leitura desejada. Há um teclado, e uma série de botões e alavancas. Fora isso, se assemelha a uma mesa normal (BUSH, 1945, p. 14).[3]

---

[2] Professor da Universidade de Southampton, idealizador do projeto *Xanadu*, o primeiro sistema de hipertexto digital.

[3] "A memex is a device in which an individual stores all his books, records, and communications, and which is mechanized so that it may be consulted with exceeding speed and flexibility. It is an enlarged intimate supplement to his memory.
It consists of a desk, and while it can presumably be operated from distance, it is primarily the piece of furniture at which he works. On the top are slanting screens, on which material can be projected for convenient reading. There is a keyboard, and sets of buttons and levers. Otherwise it looks like an ordinary desk."

Mais do que simplesmente projetar para leitura o material armazenado, o *memex* permitiria a seu operador que criasse associações entre os dados, de forma que, sempre que estivesse lendo um texto, fosse possível ver quais outros textos foram associados a ele. Bush vai mais além e afirma que não só textos, mas gravações e imagens microfilmadas também poderiam ser armazenadas e associadas.

A proposta do *memex* era organizar o grande número de informações resultantes dos esforços científicos de guerra, auxiliando o pesquisador a "desafiar o consequente labirinto em busca do item que nos importa em dado momento" (BUSH, 1945, p. 1). Esse não foi, entretanto, o primeiro momento histórico em que tal demanda por organização de informações ocorreu; podemos até afirmar que essa seja uma busca constante do ser humano. O número de informações circulantes no mundo foi aumentando na mesma medida que a civilização humana avançou. Burke (2002) demonstra como também o surgimento da imprensa foi uma mola impulsionadora da necessidade de organização de informações:

> A existência de livros impressos facilitou mais do que nunca a tarefa de encontrar informações – desde que antes se encontrasse o livro certo. Para isso, foi preciso compilar catálogos para grandes bibliotecas, particulares ou públicas. Baillet compilou um catálogo em 32 volumes para seu patrão, o magistrado Lamoignon, um trabalho que ajuda a explicar seu desabafo, como já mencionado, sobre o advento de uma época de barbárie. A compilação desses catálogos criou o problema de como organizá-los. Por assunto ou por autor numa lista em ordem alfabética? Se por assunto, segundo o tradicional currículo das universidades ou de um modo novo e mais adequado às novas descobertas (um problema que, entre outros, preocupava Leibniz)?

Com essa afirmação de Burke, percebemos que a razão do surgimento do *memex* não foi a demanda por uma nova forma de organizar as informações, pois ela sempre existiu, mas as ferramentas que Bush possuía para propor organizá-las de uma maneira e não de outra. Baillet, citado por Burke, não tinha à sua disposição os recursos técnicos existentes na década de 1940, mas as soluções encontradas não deixam de ser semelhantes: um local de referência em que a busca por um assunto leve a outra. Nesse sentido, a hipertextualidade existe desde antes de Bush ou mesmo da invenção da imprensa, enquanto o hipertexto digital surgiu tão logo a evolução tecnológica permitiu sua implementação.

A definição de hipertexto, portanto, precisa estar diretamente ligada à tecnologia digital, à existência de aparelhos computadores (*personal computers*, *notebooks*, celulares, *palm tops*, etc.). Coscarelli (1999, p. 17) apresenta uma definição objetiva do termo: "são sistemas que gerenciam informações armazenadas em uma rede hierárquica de nós, conectados através de ligações". Xavier (2002, p. 26) problematiza essa questão, afirmando que hipertextos seriam "apenas os dispositivos 'textuais' digitais multimodais e semiolinguísticos (dotados de elementos verbais, imagéticos e sonoros) que estejam on-line, isto é, os que estejam indexados à Internet, reticuladamente interligados entre si e que possuam um domínio URL ou endereço eletrônico, na World Wide Web".

Para o autor, portanto, não haveria um hipertexto, mas *o* hipertexto, constituído por todos os *dispositivos textuais* existentes e interligados na WWW. Nesse sentido, mais do que uma definição estrutural, Xavier apresenta uma definição social para o termo, uma vez que o caracteriza não pelo seu formato de organização das informações, mas pelo fato de constituir uma grande cadeia de referências cruzadas – *hiper*, aqui, assume o sentido de grandeza. Um hipertexto é mais do que um texto, é uma condensação de textos.

Com base na visão de Xavier, textos armazenados em um computador deixariam de ser considerados hipertexto no momento em que perdessem sua conexão com a rede. Qualquer texto retirado da Internet e armazenado em um computador pessoal também perderia suas características, enquanto um CD-ROM nunca poderia ser considerado hipertextual. Essa definição parece-nos problemática, por igualar o hipertexto à própria WWW, uma das manifestações da rede mundial de computadores, e vincular sua definição ao simples fato de conectar um servidor à Internet. Por esse motivo, acreditamos serem mais adequadas definições que se preocupem em caracterizar o hipertexto em seu nível estrutural, como o faz Lévy (1993, p. 33).

> [...] um conjunto de nós ligados por conexões. Os nós podem ser palavras, páginas, imagens, gráficos, sequências sonoras, documentos complexos que podem eles mesmos ser hipertextos. Os itens de informação não são ligados linearmente, como em uma corda com nós, mas cada um deles, ou a sua maioria, estende suas conexões em estrela, de modo reticular.

Em outro momento, o mesmo autor resume

> O hipertexto digital seria, portanto, definido como uma coleção de informações multimodais dispostas em rede para a navegação rápida e "intuitiva" (Lévy, 1996, p. 44).

Esses dois conceitos de Lévy trazem à reflexão uma das principais características frequentemente atribuída ao hipertexto: a não linearidade. Tal característica é vista de maneira recorrente em definições do termo como o fazem Campos e Gomes (2005, p. 5):

A escrita hipertextual como rede não possui um início, um meio e um fim, pois uma rede não possui hierarquias [...]. O Sistema Hipertexto possibilita a elaboração de textos não lineares, com uma estrutura complexa, também chamada de hiperestrutura, que consiste de um grafo direcionado onde os nós são trechos de informação e os arcos são eles que ligam estes trechos entre si.

Também Marcuschi (1999) afirma que a não linearidade é uma das características que definem a natureza do hipertexto, sendo referente às ligações possíveis entre partes do texto, constituindo redes navegáveis. O autor ainda apresenta outras características que explicariam a natureza do hipertexto:

Volatilidade	Não é estável, constituindo-se à medida que o leitor faz suas escolhas.
Topografia	Não é hierárquico nem tópico, não se definem bem seus limites.
Fragmentariedade	É constituído pela ligação de diversas outras porções.
Acessibilidade ilimitada	É capaz de acessar todo tipo de fonte, enciclopédias, obras literárias ou mesmo vídeos e músicas.
Multisemiose	Possibilita a interconexão entre diversas mídias, visual, verbal ou sonora.
Interatividade	Possibilitada pela multisemiose e pela acessibilidade ilimitada, permite ao leitor uma relação com vários autores em uma sobreposição em tempo real.
Iteratividade	É recursiva, a própria manipulação pelo leitor a altera.

Acreditamos que tanto a linearidade como a maioria das outras características listadas por Marcuschi (1999) são constitutivas do hipertexto, mas não representam sua singularidade frente ao texto impresso. Ou seja, não podemos utilizar essas características para definir o hipertexto, sem correr o risco de insinuar que o texto impresso seja linear, estável, hierárquico, não fragmentado, de acessibilidade limitada, unisemiótico, não interativo e sem recursividade.

O fato de um texto impresso se organizar sequencialmente não o torna linear no processamento cognitivo, ou seja, não delimita a leitura a um único caminho. O leitor de um livro não é obrigado a iniciar na primeira página e seguir até a última, sem saltos ou consultas a referências. Falando sobre as consequências da invenção de Gutenberg, Burke (2002) mostra como a não linearidade não é uma novidade na leitura.

> Um novo vocabulário entrou em uso no início do período moderno para descrever essa "revolução na leitura", incluindo-se palavras como "referir-se", "consultar", "ler superficialmente" e "pular" [...]
> A modalidade de leitura "extensiva" estimulou mudanças no formato e na apresentação dos livros e foi, por sua vez, por elas estimulada. Ocorreram mudanças, como a divisão do texto em capítulos, o acréscimo de sumários, índices (incluindo-se alguns índices de máximas, assim como de assuntos ou de nomes de pessoas e lugares) e notas marginais indicando mudanças de tópicos. Houve uma considerável competição entre editores nessas questões. Os títulos das páginas com frequência referiam-se ao número e à precisão dos índices, glossários e assim por diante, para motivar a compra de uma edição específica de um texto clássico.

Entre os objetos da cultura escrita impressa, não é só o livro que permite tal manipulação. Os jornais organizam-se em cadernos e cada caderno possui várias notícias sobre determinado tema. Ao leitor é dado o direito de ler somente aquele texto que lhe interesse. O lide traz as informações principais logo no primeiro parágrafo de uma notícia ou reportagem, favorecendo uma leitura de "rastreamento" (na qual o leitor apenas lê pequenos trechos das notícias até encontrar alguma que capte sua atenção), enquanto as partes seguintes são organizadas em seções topicalizadas para permitir uma seleção.

A própria linguagem possui elementos que sinalizam uma fragmentação com títulos e subtítulos destacando seções, cores e tamanho das fontes chamando a atenção para aquilo que o autor julga ser importante. Os mecanismos de coesão referindo-se a momentos anteriores ou posteriores dentro de um mesmo texto e mesmo a seleção lexical podem marcar divisões (Coscarelli, 2005).

A instabilidade do hipertexto, ou sua *volatilidade*, é também uma característica do texto linear. O leitor pode trilhar seu próprio caminho, tanto no meio impresso quanto no digital, e sua compreensão vai se formando ao longo da leitura. Sobre isso, afirma Araújo (2006, p. 38)

> Se pensarmos que o autor é quem decide como e onde disponibilizar os *links* no hipertexto, não haveria uma liberdade incondicional do

leitor e sim uma liberdade, até certo ponto, vigiada. Ainda podemos nos perguntar: Serão mesmo tão imprevisíveis os percursos de leitura possibilitados pelo hipertexto digital? E serão, da mesma forma, totalmente previsíveis os caminhos e trajetos percorridos na construção de sentido de um texto linear?

Essa questão leva-nos a refletir sobre a hierarquia do hipertexto. Assim como acontece no texto impresso, a hierarquia no hipertexto é marcada por elementos linguísticos (como modalizadores e conectivos) ou visuais (tipo, cor ou tamanho da fonte; desenhos, setas, gráficos, boxes). Ela é sugerida ao leitor, que pode ou não percebê-la e pode ou não transgredi-la. Concordamos que os limites do hipertexto não são tão perceptíveis quanto os de livros em uma biblioteca, uma vez que seu texto não está fisicamente encerrado em um códex. Entretanto, essas fronteiras são delimitadas apenas na materialidade. Virtualmente,[4] as conexões entre os livros existem, mesmo quando não são marcadas por citações e referências.

Podemos dizer que a *interatividade* é um conceito que atualmente é ligado a quase qualquer ação de um usuário de computador. Cinemas, programas de televisão ou teatro são considerados interativos apenas por que respondem de maneira pré-programada a uma reação esperada do espectador (SILVA, 1998), ou seja, o usuário reage, o sistema responde de maneira previsível e, por isso, é considerado interativo. Sobre isso, Cunha (2004, p. 61) afirma ser

> [...] curioso notar que a popularidade da Internet e do termo "interatividade" ressuscitou, para vários autores e textos, inclusive alguns do viés integrado, a ideia de recepção passiva não muito diferente daquela que parecia abandonada nos estudos da comunicação e da arte. Na ânsia de estabelecer conceitualmente a Internet como um "meio" diferenciado de comunicação, alguns teóricos acabam por tratar a recepção que acontece fora da rede – na TV, na imprensa, no livro – exatamente como faziam as primeiras e tão combatidas teorias da comunicação: imaginando um receptor passivo, sem hábito ou a possibilidade de escapar da "dominação" do autor, do meio, da indústria.

Primo (2004, p. 38) define interação como uma ação entre os participantes do encontro, de forma que o agir de um afete a resposta de seu

---

[4] Adotamos aqui a definição dada a esse termo por Lévy (1996, p. 16): "o virtual não se opõe ao real, mas sim ao actual. Contrariamente ao possível, estático e já constituído, o virtual é como o complexo problemático, o nó de tendências ou de forças que acompanha uma situação, um acontecimento, um objecto ou uma entidade qualquer, e que chama um processo de resolução: a actualização".

interagente. O autor ainda afirma que "a interação não deve ser vista como característica do meio, mas como um processo desenvolvido entre interagentes" (Primo, 2004, p. 47). Assim, a escrita e a leitura fatalmente constituem um processo interativo, sejam elas realizadas em formato hipertextual ou impressas em papel. O autor, no momento da escrita, vai sempre interagir com um leitor-modelo, postulado como destinatário e condição indispensável para sua realização (Eco, 2004, p. 37), assim como o leitor, que irá construir suas ações a partir daquelas que lhe foram demonstradas pelo autor.

Quanto à *acessibilidade ilimitada* e à *multisemiose*, acreditamos que o meio digital facilita a conexão entre diversas mídias e o acesso sincrônico a diversos outros recursos, o que constituiria uma característica do hipertexto digital. É preciso destacar, entretanto, que o meio impresso também permite o acesso aos mais diversos tipos de fontes. Referências bibliográficas, notas de rodapé ou citações estão sempre se referindo a elementos que se situam fora do texto, mas, nesse caso, demandam um dispêndio maior de tempo para serem consultados; a questão, portanto, é o sincronismo do digital *versus* o anacronismo do impresso, e não a possibilidade ou não de acesso.

Concluímos, assim, que não se pode definir o hipertexto por seu uso social, uma vez que não se trata de um gênero textual, mas um formato de organização para diversos gêneros. Também são problemáticas as definições que utilizam a relação entre leitor e texto, uma vez que essas não se diferem das que ocorrem na leitura de um texto impresso. É preciso que se defina hipertexto por sua estrutura, sendo, portanto, qualquer texto apresentado em formato digital, organizado em forma de rede, na qual *links* (nós) interconectem os diversos fragmentos que compõem sua macroestrutura, podendo também se conectar a outros textos, sons, imagens ou animações.

Leitura e orientação

A leitura é um processo cognitivo realizado pelo leitor a partir das marcas deixadas no texto por seu autor. Entretanto, o jogo de compreensão textual não é um simples quebra-cabeça no qual o leitor vai juntando as peças até formar um todo completo e significativo; é antes um quebra-cabeça com várias peças faltando e que só poderão ser fornecidas pelo próprio leitor. Kleiman (1993, p. 12) define leitura como

> [...] processo psicológico em que o leitor utiliza diversas estratégias baseadas no seu conhecimento linguístico, sociocultural, enciclopédico. Tal utilização requer a mobilização e a interação de diversos níveis de conhecimento, o que exige operações cognitivas de ordem superior, inacessíveis à observação e demonstração, como a inferência, a evocação, a analogia, a síntese e a análise que, conjuntamente, abrangem o que antigamente era conhecido como *faculdades*, necessárias para levar termo a leitura: a faculdade da linguagem, da compreensão, da memória.

Definições semelhantes também são feitas por Coscarelli (1999) e Cafiero (2005):

> [...] um processo complexo que envolve desde a percepção dos sinais gráficos e sua tradução em som ou imagem mental até a transformação dessa percepção em ideias, provocando a geração de inferências, de reflexões, de analogias, de questionamentos, de generalizações, etc. (COSCARELLI, 1999, p. 33).
>
> Vamos entender que leitura é uma atividade ou *um processo cognitivo de construção de sentidos* realizado por sujeitos sociais inseridos num tempo histórico, numa dada cultura (CAFIERO, 2005, p. 17).

Nessas definições, percebemos duas dimensões da leitura, uma cognitiva e outra social. A dimensão cognitiva trata do processamento mental exigido do leitor para a construção de sentido a partir de um texto. Envolve a decodificação dos sinais, a construção da coerência e o relacionamento das ideias depreendidas a partir do texto com os conhecimentos e objetivos próprios do leitor. A dimensão social trata da leitura enquanto interação a distância entre leitor e autor (CAFIERO, 2005, p. 8), marcada, portanto, por suas intenções e pela situação social na qual ambos estão inseridos.

Ao escrever um texto, o autor conta com a competência do leitor para que esse reconstrua parte do conteúdo que não pôde ser explicitada, pois a eliminação de toda e qualquer ambiguidade de um texto é uma utopia. "A semelhança entre o projeto textual do escritor e o modelo mental[5] construído pelo leitor vai depender da habilidade desses dois atores de lidar com as estratégias de construção (ou reconstrução, em se tratando da leitura) do texto" (CAFIERO, 2005, p. 47).

Entre essas estratégias, está a ativação de conhecimentos prévios com o objetivo de criar hipóteses de leitura, processamento que exige a integração das informações que o leitor já possui àquelas resultantes da situação e do contexto comunicativo – objetivos de leitura, gênero, suporte, imagem, etc. A criação de hipóteses de leitura está diretamente relacionada aos problemas que Conklin (1987) atribui ao hipertexto: a sobrecarga cognitiva e a desorientação.

A *sobrecarga cognitiva* é provocada pela constante necessidade de o leitor tomar decisões sobre o destino de sua leitura, sobre qual *link* seguir, prejudicando, assim, a sua atenção maior ao conteúdo apresentado no texto. Já a *desorientação* é quando o leitor fica "perdido no hiperespaço", ou seja, quando não consegue mais localizar onde se encontra na estrutura (hiper)textual.

Não acreditamos que a *sobrecarga cognitiva* seja realmente um problema para o leitor experiente, pois, em toda leitura, faz-se necessária a constante

---

[5] Modelo mental é tratado pela autora como a representação mental feita pelo leitor para o texto lido.

tomada de decisões: levantando e refutando hipóteses, conectando a cadeia argumentativa e referencial e selecionando, entre todos seus próprios conhecimentos, aqueles que são relevantes para compreensão do texto em questão.

Já a *desorientação* do leitor pode estar mais relacionada à organização do próprio hipertexto. Rouet e Levonen (1996) apresentam uma série de experimentos que revelam que, nos textos hipertextuais, a estruturação dos tópicos é importante para o leitor. "É importante para o leitor saber qual é a sua localização atual na rede de informações do hipertexto, para que possa ter noção do que já leu e para que possa localizar melhor os nós que deseja" (Rouet, 1996, p. 18).[6] A melhor estruturação do hipertexto, portanto, gera melhores resultados na sua compreensão. Tripp e Robby (*apud* Rouet, 1996) revelam que a organização gráfica é uma das que obtém resultados positivos quando utilizada para esse propósito.

Acreditamos, portanto, que tanto a *sobrecarga cognitiva* quanto a *desorientação* sejam decorrentes de falhas da elaboração de uma hipótese que guie a leitura durante a navegação em um hipertexto e permita a formulação de previsões mais prováveis de se mostrarem verdadeiras. Essas falhas podem ser provocadas pela inexperiência do leitor ou pela ausência de marcas na superfície do texto que sinalizem a sua construção.

O experimento

A fim de verificar a influência do formato de organização de um hipertexto na compreensão dos leitores, realizamos um experimento no qual três versões de um mesmo texto – uma com os *links* partindo de uma imagem, outra com base verbal e uma última sendo a integração de ambos – foram apresentadas aos sujeitos, que iriam ler uma delas com o objetivo de responder a perguntas que lhes seriam apresentadas após a leitura.

A hipótese que orientou a pesquisa foi a de que os leitores da versão integrada – página inicial com imagem e menus verbais e imagéticos – teriam melhor desempenho em todas as habilidades avaliadas, uma vez que a imagem daria pistas sobre o conteúdo dos *links,* enquanto o verbal apresentaria uma organização mais perceptível, por se assemelhar aos sumários existentes em livros impressos.

O hipertexto

O hipertexto utilizado neste trabalho tem como base a análise do livro *Vidas Secas* feita pelo professor Antônio Carlos Pinho (Pinho, 2008), escolhida

---

[6] "It is important for the reader to know her current location in the network, to keep track of previous steps, and to locate target nodes easily."

por estar disponível na *web* e ser organizada de maneira hipertextual. A partir do texto original, organizamos três versões: a verbal, a imagética e a integrada.

Na versão verbal, os *links* partiam de palavras que também estavam presentes no menu de navegação. Na versão imagética, os *links* partiam de uma imagem retirada do filme *Vidas Secas*, que também estava presente no menu de navegação. Por fim, na versão integrada, os *links* partiam da mesma imagem da *versão imagética*, que também estava presente no menu de navegação, mas foi acrescentado um menu verbal.

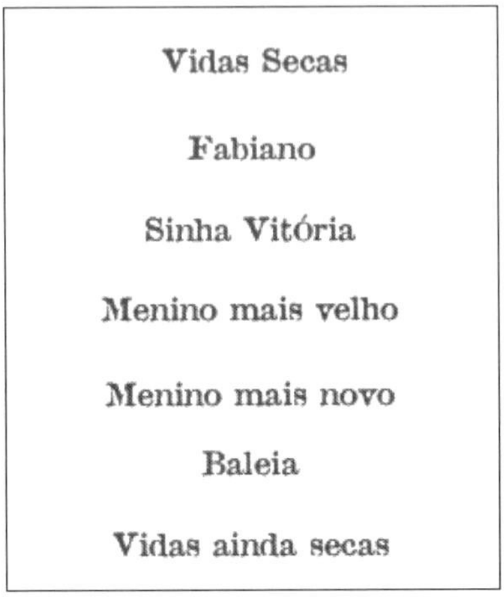

```
Vidas Secas

Fabiano

Sinha Vitória

Menino mais velho

Menino mais novo

Baleia

Vidas ainda secas
```

Figura 1 – Página inicial da versão verbal

Figura 2 – Página inicial das versões imagética e integrada[7]

---

[7] Os círculos não estavam presentes no texto e foram acrescentados aqui apenas para destacar os links. Na versão do experimento, os *links* se destacavam quando o cursor do mouse estava sobre eles.

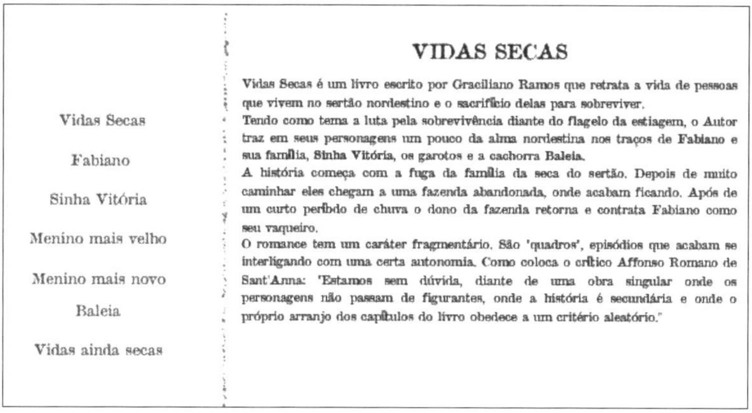

Figura 3 – *Link* com menu de navegação da versão verbal

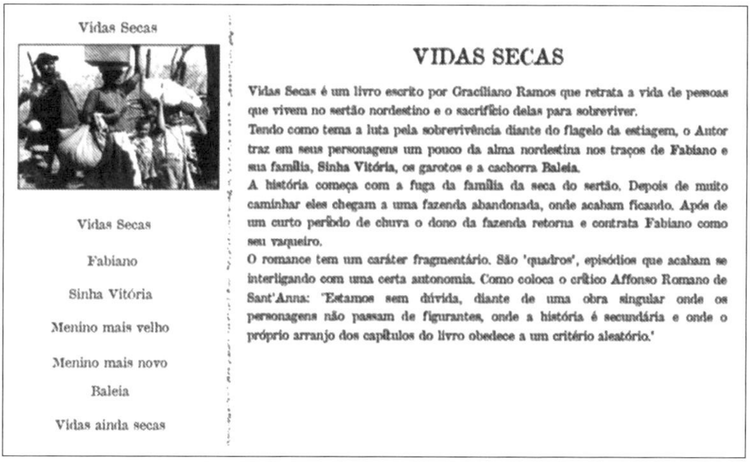

Figura 4 – *Link* com menu de navegação da versão imagética

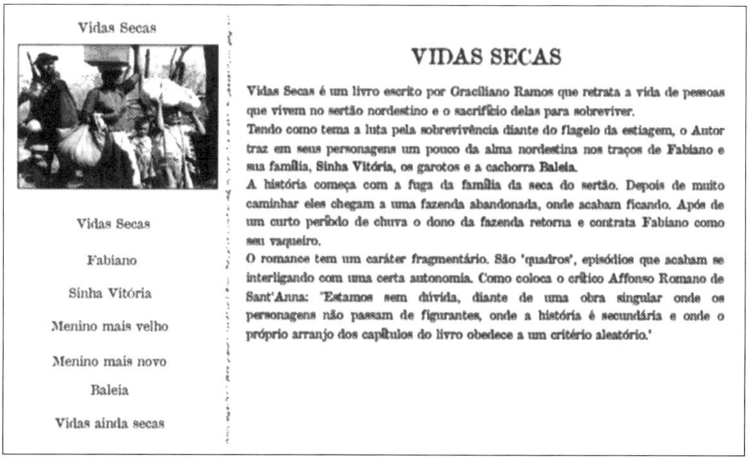

Figura 5 – *Link* com menu da versão integrada

PARTICIPANTES

A pesquisa foi composta por 103 informantes dos dois anos finais do ensino fundamental (8º e 9º anos) e que, portanto, muito possivelmente teriam alguma familiaridade com o gênero *resenha*. Esses informantes foram divididos aleatoriamente em grupo A (35 sujeitos), grupo B (35 sujeitos) e grupo C (33 sujeitos).

A distribuição aleatória foi utilizada por dois motivos: garantir a homogeneidade da amostra e mostrar-se tecnicamente simples de ser implantada. Os perfis dos três grupos não apresentaram grandes diferenças. Os grupos A e B foram compostos por 66% de informantes com 13 anos de idade e 26% com 14 anos; os 8% restantes estão distribuídos entre 12, 15, 16 e 17 anos. Enquanto o grupo C foi composto por 60,6% de informantes com 13 anos, 33,3% com 14 e 8,6% divididos entre as demais idades.

Quanto ao uso do computador, os grupos apresentaram perfis idênticos. Do total de sujeitos, 98% possuem computadores em casa e 81% fazem uso dessa ferramenta todos os dias, para navegar na Internet (93%), entrar em salas de bate-papo ou conversar por MSN (83%), conferir *e-mails* (54%), fazer trabalhos escolares (86%) ou se divertir em jogos eletrônicos (63%). Apenas 8% disseram utilizar o computador raramente e 13%, uma vez por semana.

Esse perfil de sujeitos possibilita-nos afirmar que os dados obtidos na pesquisa avaliaram a capacidade de compreensão de texto de cada indivíduo e que os dados não foram afetados por uma possível falta de habilidade de navegação em hiperdocumentos, uma vez que 98% dos sujeitos possuem computador em casa e 93% utilizam a ferramenta para navegar na Internet.

TAREFAS

A primeira tarefa apresentada aos participantes foi responder a um questionário investigativo que construiu o perfil dos sujeitos mostrado anteriormente. Esse questionário, embora tivesse a intenção de apenas garantir a homogeneidade entre os grupos, acabou tendo um papel importante no restante do experimento.

Quadro 1 – Questionário inicial do experimento

1) Idade:
2) Escola:
3) Grau de escolaridade:
4) Tem computador em casa? (alternativas)
a) Sim
b) Não

5) Com que frequência utiliza o computador (em casa, escola ou *Lan House*)? (alternativas)
   a) Todos os dias
   b) Frequentemente
   c) Algumas vezes
   d) Raramente
   e) Nunca
6) Se utiliza computador, com quais objetivos? (possível marcar mais de uma)
   a) Internet
   b) MSN ou *chat*
   c) *E-mail*
   d) Trabalhos escolares
   e) Jogos
7) Você já leu o livro *Vidas Secas*, de Graciliano Ramos? (alternativas)
   a) Sim
   b) Não

Após responderem ao questionário, os participantes teriam acesso à página inicial do hipertexto e fizemos seis perguntas sobre os elementos presentes nela, para avaliar qual seria a sua hipótese inicial a respeito do conteúdo do texto. Por possuir um maior número de elementos informativos, acreditamos que a imagem indicaria com maior precisão o conteúdo do texto, enquanto as palavras que constituíam os *links* na página inicial da versão verbal apresentariam um desafio maior aos leitores, por não haver elementos coesivos explícitos que evidenciassem a ligação de uma à outra.

Perguntas da versão verbal:

1) Essa é a página na qual você navegará. Qual assunto você acredita que será tratado?
2) Quem é "Fabiano"?
3) Quem é "Sinha Vitória"?
4) Quem são "menino mais velho" e "menino mais novo"?
5) E Baleia?
6) Qual é a relação entre eles?

Perguntas das versões imagética e integrada:

1) Essa é a página na qual você navegará. Qual assunto você acredita que será tratado?
2) Quem é o homem no canto esquerdo da foto?
3) Quem é a mulher no centro?
4) Quem são os dois garotos?
5) Quem é o cachorro?
6) Qual é a relação entre eles?

Por fim, os participantes tiveram acesso ao texto por completo e responderam a 15 perguntas que buscaram avaliar diferentes habilidades de leitura.

1) *Compreender o tema globalmente*: habilidade de o leitor estabelecer uma representação global adequada para o texto, reconhecendo, assim, sua ideia central.
2) *Localizar informação explícita*: encontrar uma informação na malha hipertextual.
3) *Inferir informação implícita*: perceber uma informação não dita, mas que pode ser pressuposta com base nas informações disponíveis no texto e nos conhecimentos prévios do leitor.
4) *Estabelecer relações de coerência local*: entendida como a análise do significado das frases e das relações entre elas (COSCARELLI, 1999, p. 58), relacionando-se à identificação de causa e consequência, bem como a identificação de um ou mais termos que tenham a mesma referência. Neste trabalho, foram avaliadas por esse descritor as relações estabelecidas dentro de um mesmo *link*.
5) *Estabelecer relações de coerência entre* links: entendida como o relacionamento das sentenças entre si (COSCARELLI, 1999, p. 62). Refletem o processo de estabelecer uma estrutura mental para o texto lido. Neste trabalho, foram avaliadas relações estabelecidas entre informações presentes em diferentes *links*.

Havia, ainda, uma última pergunta, que não se relacionava a nenhuma dessas habilidades e tinha a intenção de identificar a estrutura hierárquica construída pelo leitor para o texto lido através da indicação da ordem de importância dos *links*.

Resultados

VERSÃO VERBAL

Durante a primeira tarefa – o levantamento das hipóteses iniciais de leitura –, a diferença de comportamento dos grupos durante a aplicação do experimento foi evidente. Os leitores da versão verbal demonstraram sua dificuldade em cumprir a tarefa através de frases como: "Eu não sei o que eu faço aqui", "Posso deixar em branco, não sei nada" ou "Por que o dele é mais fácil que o meu?" (apontando para a tela do computador de um colega que lia a versão imagética).

Havia poucas pistas a respeito do conteúdo dos *links*, apenas nomes de personagens e o título *Vidas Secas*, que era o elemento mais informativo entre eles e orientou 13% dos alunos a responder que o tema do texto seria o sertanejo nordestino. Não encontrando elementos no próprio texto que identificariam o seu tema, os sujeitos foram obrigados a elaborar outra estratégia e buscaram informações contextuais.[8] Dois alunos responderam que o tema seria uma pesquisa (recorrendo à situação na qual se encontravam) e 32% dos sujeitos responderam, de maneiras variadas, que o tema seria um livro (5% afirmaram, especificamente, "O livro *Vidas Secas"*), recorrendo possivelmente à informação presente na última pergunta do questionário inicial da pesquisa: *Você já leu o livro* Vidas Secas, *de Graciliano Ramos?* Esse tipo de resposta ocorreu quase que exclusivamente na versão verbal, verificando-se apenas um caso na versão integrada.

Essa participação ativa na construção de uma hipótese de leitura possivelmente influenciou o bom resultado dos leitores dessa versão nas tarefas que verificaram a compreensão global do texto (Graf. 1). Uma vez que não foi simples elaborar uma ideia inicial sobre qual seria o conteúdo do texto apresentado, os participantes se sentiram mais incentivados a testá-la para averiguar se haviam acertado ou não, o que pode também ter sido a causa da maior média de acessos por usuário/página entre todas as versões (12,5% superior à da versão integrada e 29,7% à imagética).

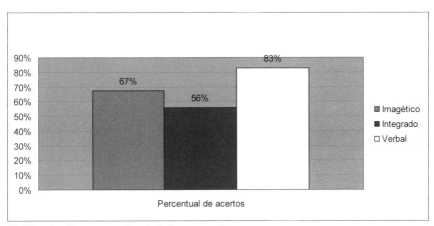

Gráfico 1 – Compreensão global por versão

---

[8] Contexto é uma palavra de significado muito amplo, abrangendo todos os elementos que influenciam a compreensão do texto, incluindo os elementos linguísticos (o contexto da sílaba é a palavra, da palavra é a frase, da frase é o texto), textuais (gênero, tema, tipo), a situação de elocução e os saberes dos participantes do discurso. Afirmar que os leitores da versão verbal buscaram mais elementos contextuais significa dizer que eles resgataram também elementos presentes no contorno do texto (também chamados de paratextuais e cotextuais). No caso do experimento desta pesquisa, alguns desses elementos eram o questionário investigativo, o endereço do site na Internet e a situação de aplicação da pesquisa.

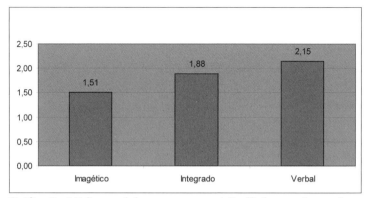

Gráfico 2 – Média geral de acessos por sujeito/*link* em cada versão

Os leitores da versão verbal também revelaram melhor percepção da organização textual. Esse resultado pode ter sido motivado pelo fato de essa versão apresentar maior semelhança com os sumários de livros impressos. Ribeiro, ao comparar comportamentos de leitores experientes frente a versões virtuais e impressas de um mesmo jornal, afirma que o "leitor transporta para o virtual os conhecimentos linguísticos que possui do meio impresso" (RIBEIRO, 2003). O resultado de nosso experimento parece corroborar também para essa hipótese.

VERSÃO IMAGÉTICA

Nas versões imagética e integrada, os leitores buscaram informações explícitas na imagem para formular sua hipótese inicial de leitura e foram poucos os que disseram não ter ideia de qual seria o conteúdo dos *links*. Predominou nessas versões a hipótese de que o texto abordaria a pobreza (42%) de uma família composta pelo pai (44,7%), a mãe (71,7%), dois filhos (88,6%) e um cachorro de estimação (91,2%).[9]

A facilidade em elaborar uma hipótese inicial, entretanto, não foi capaz de fazê-los superar as dificuldades de navegação do formato e auxiliá-los na compreensão do texto, uma vez que a média de acertos dessa versão foi inferior à das demais. Nilsson e Mayer apresentam conclusão parecida em um experimento semelhante ao realizado neste trabalho. Ao submeter leitores a versões verbalmente ou graficamente organizadas de um hipertexto, concluem que "embora os elementos de organização gráfica possam trazer benefícios aos leitores, esses benefícios não existem sem algum custo" (NILSSON; MAYER, 2002, p. 13).

---

[9] Os números entre parênteses representam o percentual de participantes da pesquisa que deram essa resposta.

Os sujeitos dessa versão obtiveram um baixo índice de acertos na habilidade de compreender globalmente o texto que lhes foi apresentado (Graf. 1) e tiveram dificuldades em localizar informações e estabelecer relações de coerência entre *links*. Todas essas habilidades são diretamente relacionadas à navegabilidade do texto, o que nos leva a concluir que esse formato de organização textual dificulta a navegação.

Quando analisamos as respostas dos sujeitos na segunda parte do experimento, pudemos observar como a dificuldade de navegação afetou a sua compreensão. Nas respostas à pergunta que solicitava um resumo do texto que haviam lido (relacionada à habilidade de compreensão global), 49% dos leitores mantiveram e incrementaram sua hipótese inicial, acertando a questão, e 43% a abandonaram, a partir de informações extraídas do texto – desses, 67% abandonaram hipóteses próximas do tema e responderam à pergunta de maneira inadequada. Parte dos leitores (20%) resumiram apenas um dos *links* do hipertexto. Esse número torna-se bastante expressivo quando comparado à versão verbal, na qual apenas 2% dos sujeitos realizaram operação semelhante.

> **SF1004-10:** o texto está falando de uma moça que andava igual a um papagaio e queria uma cama macia para ela se deitar, seus sapatos estavam acabados. [*Sinha Vitória*]
>
> **SF1703-40:** fala de um cachorrinho a Baleia e na casa dele não tinha muito dialogo só ouvia os latidos dele por isso que o papagaio aprendeu a latir... e muito mais leia o texto pra você saber o que fala no texto doido. [*Baleia*]
>
> **SF1703-38**: o livro fala da vida de um homem que é muito pobre e que não tem onde cair morto! [*Fabiano*]

Com base nesses dados, podemos concluir que um grande número de leitores dessa versão não conseguiu encontrar as informações na malha textual e, consequentemente, não foi bem-sucedido na habilidade de *localização de informação explícita* (42% de acertos).

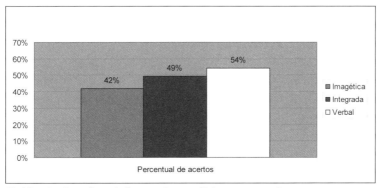

Gráfico 3 – Localizar informações explícitas por versão

Versão integrada

Os leitores da versão integrada foram fortemente influenciados pela imagem para elaborarem suas hipóteses iniciais a respeito do conteúdo dos *links* nos quais navegariam. Também de maneira semelhante à versão imagética, a facilidade de elaboração de hipóteses inicial não parece ter causado impacto positivo na compreensão global, e a dificuldade de integrar os elementos verbais a não verbais presentes na versão levou os sujeitos a apresentarem o menor índice de acertos nessa habilidade (Graf. 1).

Entretanto, os leitores dessa versão melhoraram seu desempenho nas tarefas ao longo do experimento, obtendo índices superiores aos demais nas últimas cinco questões apresentadas a eles (Graf. 4). A dificuldade inicial de navegação no texto parece ter sido superada por um raciocínio elaborado (de criação e teste de hipóteses) que os auxiliou a aprender melhor a composição do hipertexto e construir uma representação mental mais adequada de sua estrutura. Os leitores das versões imagética e integrada, portanto, parecem ter enfrentado o mesmo problema, isto é, a dificuldade de navegação, mas, enquanto os primeiros – em grande parte – desistiram da tarefa, os segundos parecem ter aprendido a se orientar por meio dos *links*.

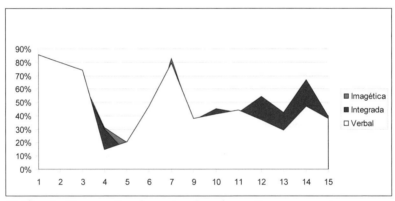

Gráfico 4 – Comparativo de acertos de cada versão por pergunta

Nilsson e Mayer (2002), ao estudarem o comportamento de leitores frente a hipertextos que apresentavam ou não um mapa de navegação, concluíram que aqueles que leram a versão com mapa de navegação se saíram melhor nas primeiras tarefas do experimento, localizando com mais facilidade onde encontrariam a informação solicitada. Entretanto, os leitores da versão sem mapa de navegação gastaram menos tempo e número de cliques para realizar as últimas tarefas. Os autores atribuíram esse comportamento ao que chamaram de *teoria do aprendizado ativo*, que sugere que a melhor compreensão de um hipertexto pode ser motivada pela realização de "processos de aprendizado elaborativo e construtivo por parte de participantes que não possuem informações estruturais" (NILSSON; MAYER, 2002, p. 23). Assim, os leitores da versão sem mapas aprenderam a localizar as informações, elaborando e testando hipóteses na primeira parte do experimento, enquanto os leitores da versão com mapas permaneceram dependentes das informações que possuíam a respeito da estrutura hierárquica do hipertexto.

O comportamento dos leitores da versão integrada de nosso experimento foi semelhante ao detectado por Nilsson e Mayer. Embora não houvesse mapas em nenhuma das versões e a versão integrada possuísse mais informações a respeito da organização do hipertexto, as informações apresentadas aos sujeitos dessa versão eram de naturezas diferentes (verbais e não verbais) e eles, inicialmente, parecem ter encontrado dificuldades em relacioná-las (possivelmente entendendo que levariam a textos diferentes). Depois de elaborarem e testarem hipóteses sobre a estrutura do texto nas primeiras dez perguntas do experimento, essa dificuldade inicial aparentemente foi superada e eles foram capazes de se localizar com mais facilidade e navegar com maior eficiência.

Última questão: estrutura hierárquica

A última questão do experimento não visava avaliar nenhuma habilidade de leitura; seu objetivo foi solicitar ao leitor que representasse a estrutura hierárquica que ele construiu para o texto, indicando qual a ordem de importância de cada um dos *links* do hipertexto (1 seria o mais importante, seguindo a sequência até 7). Durante a aplicação, percebemos um problema de ordem técnica que permitia aos sujeitos atribuírem a mesma posição a mais de um *link*, alguns chegaram a atribuir apenas os valores 1 e 7 em todas suas avaliações. Apesar de não ser o desejado, não consideramos que esse problema invalidou a questão – ou descartaria o sujeito que apresentou esse tipo de resposta –, pois isso não deixaria de indicar a estrutura hierárquica construída para o texto. A representação de cada uma das versões diferiu da outra, como podemos observar na tabela a seguir.

Tabela 1 – Resultados da última questão por versão

Versão imagética

Vidas Secas	Fabiano	S. Vitória	Mais velho	Mais novo	Baleia	Ainda Secas
36%	21%	9%	12%	9%	21%	15%
15%	18%	12%	0%	3%	6%	18%
0%	27%	9%	12%	21%	12%	9%
0%	12%	21%	18%	9%	15%	9%
3%	3%	18%	27%	18%	18%	3%
9%	12%	9%	18%	21%	9%	12%
36%	6%	21%	12%	18%	18%	33%

Versão integrada

Vidas Secas	Fabiano	S. Vitória	Mais velho	Mais novo	Baleia	Ainda Secas
42%	18%	3%	6%	9%	0%	18%
12%	24%	12%	9%	15%	6%	21%
6%	12%	39%	21%	15%	18%	6%
6%	15%	12%	27%	18%	15%	3%
3%	15%	9%	9%	24%	18%	9%
15%	3%	9%	15%	6%	24%	9%
15%	12%	15%	12%	12%	18%	33%

Versão verbal

Vidas Secas	Fabiano	S. Vitória	Mais velho	Mais novo	Baleia	Ainda Secas
59%	21%	15%	9%	18%	12%	24%
9%	38%	3%	0%	12%	15%	15%
3%	15%	38%	12%	3%	0%	15%
12%	9%	12%	29%	6%	12%	6%
0%	12%	9%	29%	32%	9%	0%
9%	3%	12%	9%	12%	35%	6%
9%	3%	12%	12%	18%	18%	35%

■ Valores com mais de 30% de escolha
▨ Valores entre 25% e 30%
▧ Valores entre 20% e 24%
□ Valores entre 15% e 19%

É possível observar que os leitores das versões integrada e verbal construíram representações semelhantes, uma vez que, em todos os *links*, a posição que foi mais escolhida por eles refletiu a posição hierárquica do *link* no menu verbal do hipertexto (seguindo a ordem de cima para baixo). Entretanto, enquanto as escolhas dos leitores da versão verbal tenderam a se concentrar em algumas alternativas, as dos leitores da versão integrada se dispersaram em várias. Já a versão imagética não apresenta uma ordem perceptível, não seguindo a leitura (da esquerda para direita e de cima para baixo) ou mesmo uma organização radial (do centro para as extremidades).

Não existia resposta esperada para essa questão. Entretanto, esses dados revelam que o menu verbal sugere mais uma organização hierárquica, enquanto o imagético parece não seguir uma tendência. Diante da possibilidade entre escolher um dos dois, os leitores da versão integrada optaram pela organização verbal.

Conclusão

O hipertexto possui uma organização diferente do livro e da maioria dos textos impressos. Enquanto nesses últimos as seções e subseções (ou seja, seus *"links"*) são organizadas de maneira sequencial, no hipertexto isso é feito de forma reticular. Essa diferença possivelmente foi o que levou Conklin (1987) a afirmar que a facilidade de causar *desorientação* no leitor é um dos grandes problemas do hipertexto. Como saber que nó levará ao conteúdo desejado? Como reconstruir um caminho traçado após uma imersão muito profunda na estrutura hipertextual?

Como afirmarmos na introdução, orientação é fundamental, ou seja, é preciso que o leitor/navegador planeje sua viagem, construa mapas. Esses mapas são as hipóteses iniciais de leitura e podem ser divididas em duas categorias: hipóteses temáticas e hipóteses estruturais.

As hipóteses temáticas referem-se ao assunto que o leitor espera que seja abordado pelo texto, às informações que ele imagina que encontrará ao acessar cada um dos *links* disponíveis para a sua navegação. As hipóteses estruturais talvez sejam mais relevantes para o hipertexto digital do que para o texto impresso, uma vez que se referem à organização hierárquica do texto, ou seja, como o hipertexto foi organizado e onde o leitor espera que se localizem as informações que deseja encontrar.

Conforme presumimos, as versões imagética e integrada orientaram fortemente a elaboração de uma hipótese a respeito do tema do texto, enquanto os leitores da versão verbal encontraram dificuldades para realizar a tarefa. Essa dificuldade pode ter sido um dos fatores que fez com que os participantes da versão verbal apresentassem um melhor índice de acertos na tarefa de *compreensão global/apreensão do tema*, pois buscaram ativamente a comprovação de sua ideia inicial sobre o conteúdo do texto.

Os resultados apresentados pela última questão do experimento revelam que os leitores da versão verbal foram capazes de formular hipóteses mais adequadas sobre a estrutura do hipertexto. Como afirmamos, não existia uma resposta correta para a pergunta, mas os leitores dessa versão apresentaram padrão constante de respostas, enquanto os leitores da versão imagética não apresentaram nenhuma organização perceptível. A organização da versão verbal é a que mais se assemelha a um sumário, e os leitores da versão integrada, que puderam escolher entre verbal e imagético, preferiram se orientar por essa forma, provavelmente guiados pelos conhecimentos que já adquiriram do meio impresso.

Os resultados da pesquisa reforçam a percepção da necessidade do ensino de estratégias de leitura. O aluno deve ser capaz de formular hipóteses iniciais que o orientem na compreensão do texto, digital ou impresso.

Entretanto, o professor não deve banalizar essa tarefa, tornando-a simples demais, ou orientar os alunos a formularem apenas hipóteses corretas, corrigindo-os quando apresentarem ideias que não se comprovarão verdadeiras. Testar e abandonar hipóteses iniciais de leitura é uma estratégia essencial para o leitor e só pode ser desenvolvida quando o aluno "erra" em sua primeira impressão sobre o texto. Além disso, certo grau de dificuldade na realização dessa tarefa pode estimular a sua participação mais ativa na leitura.

Referências

ARAÚJO, M. A. *Compreensão de hipertexto*: sob a perspectiva da teoria da mesclagem. Dissertação (Mestrado em Estudos Linguísticos), Faculdade de Letras, Universidade Federal de Minas Gerais, Belo Horizonte, 2006.

BURKE, P. Problemas causados por Gutenberg. Trad. Almiro Peseta. *Revista de Estudos Avançados*, São Paulo, n. 44, v. 16, jan./abr. 2002. Disponível em: <http://www.escritoriodolivro.org.br/historias/burke.html>. Acesso em: fev. 2008

BUSH, V. *As we may think*. 1945. Disponível em: <http://www.ps.uni-sb.de/~duchier/pub/vbush/vbush-all.shtml>. Acesso em: 15 jul. 2008.

CAFIERO, D. *Leitura como processo*: caderno do formador. Belo Horizonte: Ceale/Fae/UFMG, 2005.

CAMPOS, M. L. A.; GOMES, H. E. Princípios de organização e representação do conhecimento na construção de hiperdocumentos. *Datagramazero*, Rio de Janeiro, v. 6, n. 6, p. 4-12, dez. 2005.

CONKLIN, J. E. Hypertext: an introduction and survey. *IEEE Computer*, v. 20, n. 9, p. 17-41, 1987.

COSCARELLI, C. V. Da leitura de hipertexto: um diálogo com Rouet *et al*. In: ARAÚJO, J. C.; BIASI-RODRIGUES, B. *Interação na internet*: novas formas de usar a linguagem. Rio de Janeiro: Lucerna, 2005. p. 109-123.

COSCARELLI, C. V. *Leitura em ambiente multimídia e a produção de inferências*. Tese (Doutorado em Estudos Linguísticos), Faculdade de Letras, Universidade Federal de Minas Gerais, Belo Horizonte, 1999.

CUNHA, L. No balanço da rede. In: BRASIL, A. *et al*. *Cultura em fluxo*: novas mediações em rede. Belo Horizonte: Editora PUC Minas, 2004. p. 58-81.

DEE-LUCAS, D. Effects of overview structure on study strategies and text representations for instructional hypertext. In: ROUET, J. F. *et al*. *Hypertext and cognition*. Mahwah, New Jersey: Lawrence Erlbaum Associates, 1996. p. 73-107.

DIAS, M. C. *A influência do modo de organização na compreensão de hipertextos*. Dissertação (Mestrado em Linguística Aplicada), Faculdade de Letras, Universidade Federal de Minas Gerais, Belo Horizonte, 2008.

ECO, U. *Lector in fabula*. Trad. Attílio Cancian. 2. ed. São Paulo: Perspectiva, 2004.

KLEIMAN, Ângela. *Oficina de leitura: teoria e prática*. Campinas: Pontes, 1993.

LANDOW, G. P. *Hypertext 2.0*. Baltimore: Parallax, 1992.

LÉVY, P. *As tecnologias da inteligência*: o futuro do pensamento na era da informática. Trad. Carlos Irineu da Costa. São Paulo: Ed. 34, 1993.

LÉVY, P. *O que é o virtual*. Trad. Paulo Neves. São Paulo: Ed. 34, 1996.

MARCUSCHI, L. A. *Linearização, cognição e referência*: o desafio do hipertexto. 1999. (Mimeo.)

NILSSON, R. M.; MAYER, R. E. The effect of graphic organizers giving cues to structure of a hypertext document on user's navigation strategies and performance. *Human-Computer Studies*, n. 57, p. 1-26, 2002.

PINHO, A. C. *Análise da obra Vidas Secas, de Graciliano Ramos*. 2008. Disponível em: <www.mundocultural.com.br/analise/vidas_secas_g-ramos.pdf>. Acesso em: 5 jan. 2009.

POLLY, J. A. *Surfing the internet*: an introduction. 1993. Disponível em: <http://www.gutenberg.org/dirs/etext93/surf10.txt>. Acesso em: 20 fev. 2009

PRIMO, A. Enfoques e desenfoques no estudo da interação mediada por computador. In: BRASIL, A. *et al*. *Cultura em fluxo*: novas mediações em rede. Belo Horizonte: Editora PUC Minas, 2004. p. 36-57.

RIBEIRO, A. E. *Ler na tela*: novos suportes para velhas tecnologias. Dissertação (Mestrado em Estudos Linguísticos), Faculdade de Letras, Universidade Federal de Minas Gerais, Belo Horizonte, 2003.

ROUET, J.-F.; LEVONEN, J. J. Studying and learning with hypertext: empirical studies. In: ROUET, J.-F. *et al* (Org.). *Hypertext and cognition*. Mahwah, New Jersey: Lawrence Erlbaum, 1996. p. 9-24.

SANTAELLA, L. *Matrizes da linguagem e pensamento*: sonora visual verbal. São Paulo: Iluminuras/Fapesp, 2005.

SILVA, M. Que é interatividade? *Boletim Técnico do SENAC*, Rio de Janeiro, v. 24, n. 2, maio/ago. 1998. Disponível em: <http://www.senac.br/BTS/242/boltec242d.htm>. Acesso em: 30 jan. 2008.

XAVIER, A. C. *O hipertexto na sociedade da informação*: a constituição do modo de enunciação digital. Tese (Doutorado em Linguística), Instituto de Estudos da Linguagem, Universidade Estadual de Campinas, 2002.

Convergências e divergências em navegação e leitura[1]

Ana Elisa Ribeiro

Considerações iniciais sobre a leitura

O historiador inglês Peter Burke e seu parceiro Asa Briggs, na obra *Uma história social da mídia*, lançam mão do conceito de *sistema de mídia*, que nos parece muito útil, porque pensar a mídia como um sistema afeta nosso modo de observar e de tratar fenômenos ligados à comunicação e a seus dispositivos, tanto na atualidade quanto em tempos passados. O sistema de mídia de um ano qualquer, por exemplo, 1506 ou 1854, é composto por uma quantidade finita de dispositivos técnicos e suas possibilidades. Também é importante considerar que, em um sistema, os elementos se interinfluenciam, se afetam, se contaminam e se reorganizam quando há alguma perturbação. Dessa forma, nosso sistema de mídia atual, certamente mais numeroso em termos de dispositivos do que sistemas antecedentes, vem se reorganizando há algumas décadas, com base no surgimento, por exemplo, do rádio, da televisão ou do computador ligado à rede mundial.

Segundo Briggs e Burke (2004), o *sistema de mídia* é um regime em que o leitor/usuário se apropria muito lentamente das técnicas recém-chegadas, nem sempre para substituir outras, e que

> [...] pensar em termos de um sistema de mídia significa enfatizar a divisão de trabalho entre os diferentes meios de comunicação disponíveis em um certo lugar e em um determinado tempo, sem esquecer que a velha e a nova mídia podem e realmente coexistem, e que diferentes meios de comunicação podem

---

[1] Esta é uma versão, ampliada e com algumas modificações, do texto publicado no periódico *Educação em Revista*, v. 2, p. 75-102, 2009.

competir entre si ou imitar um ao outro, bem como se complementar (BRIGGS; BURKE, 2004, p. 33).

Nesse cenário de dispositivos novos, possibilidades inéditas e de reconfiguração do sistema, uma série de perguntas se coloca e muitas pesquisas são feitas na tentativa de se compreender os atores desse processo, entre eles, o leitor. Nos dias de hoje, ele tem ou pode ter vários dispositivos que suportam ou mostram textos, incluindo-se aí dispositivos que estão genealogicamente ligados a outros (BOLTER; GRUSIN, 2000; SNYDER, 2001). A despeito de muitos pesquisadores tratarem objetos de leitura mais antigos como se fossem monomodais e lineares, a leitura de sumários e índices ou a seleção de páginas são habilidades desenvolvidas com base na existência de objetos navegáveis impressos ou digitais.

Separemos aqui as habilidades de leitura em procedimentais e cognitivas. Localizar informações, por exemplo, entre outras, é uma habilidade fundamental para a leitura, seja ela feita em objetos impressos ou digitais. Para obter sucesso nessa localização, tanto é necessário um procedimento quanto uma habilidade cognitiva. O leitor "escaneia" o texto (procedimento) e avalia se o que encontra é a informação que procura, de acordo com algum parâmetro, critério ou objetivo predeterminado. Assim sendo, é fácil inferir que não basta saber navegar, é preciso saber selecionar informações. É dessa interpolação entre gestos e habilidades que trata o relato desta pesquisa, desenvolvida de 2005 a 2008, no Programa de Pós-Graduação em Estudos Linguísticos da Faculdade de Letras da Universidade Federal de Minas Gerais (UFMG).

Todas as leituras

Em cenários de mudança como o que vivemos hoje, por conta das novas tecnologias de informação e comunicação, uma das questões que mais parece inquietar pesquisadores da leitura é em que medida a cognição humana é afetada ou influenciada por novas práticas de ler e de escrever. Diversas investigações, em várias áreas do conhecimento, vêm tratando desse tema, sob abordagens as mais variadas, nem sempre chegando a conclusões convincentes. Grande parte dos resultados obtidos está mais ligada ao "reino da crença" (WOLTON, 2001) do que propriamente a fatos observáveis e ocorrências sistemáticas.

Não escapamos desses perigos na pesquisa que ora se relata. Podemos observar que a paisagem das práticas de leitura vem se alterando, ampliando possibilidades e, do ponto de vista do leitor, dos letramentos. Se há tempos o leitor precisava ler de pé, desfiando o texto em direção horizontal; ou em recinto fechado, folheando um códice pesado; mais tarde, ele passou a ler ao ar livre, absorto nas páginas de um livro portátil; e, agora, lê sentado, com as pernas encolhidas sob um teclado e os olhos vidrados na luz do monitor.

Na história de longa duração das práticas da leitura (CHARTIER, 2001b), todos esses gestos, embora se tenham tornado escolhas com o passar do tempo, não se excluíram necessariamente. O que se quer dizer, portanto, é que, cumulativamente, o leitor atual conhece mais práticas de ler do que um leitor de séculos atrás. Não apenas por isso, é possível afirmar que existem *leitores* que aprendem gestos ao longo do tempo, em contato com práticas configuradas pela conjunção de técnicas e dispositivos dos quais usufrui. Esse usufruto, no entanto, é *aprendido*. Cada objeto de ler é apropriado pelo leitor, que aprende uma espécie de "protocolo",[2] sequências mais ou menos rígidas de leitura de textos, em objetos configurados segundo técnicas e materiais específicos. É por essa razão que, diante do rolo de couro animal, ainda que quisesse, leitor algum poderia *folhear*. O gesto de passar páginas não era uma *affordance* da prática de ler esses objetos. Certamente, na mudança desse modo de ler para outro, algum leitor reclamou saudades do gesto de abrir um rolo. Com a invenção do códice, cujas folhas empilhadas e costuradas propiciavam um novo jeito de ler, foi possível folhear. Mais tarde, em decorrência disso, foi possível numerar páginas, escrever dos dois lados do papel (ou do couro) e *navegar* por índices e sumários. Gestos e habilidades, no entanto, têm se confundido e, muitas vezes, têm sido tratados como sinônimos.

Neste texto, apresentamos, de forma breve, resultados de uma pesquisa cujo intento foi responder a questões relativas às estratégias (e táticas) de leitores pouco letrados em sua lida com jornais. Trataremos, especialmente, das distinções e das interpolações entre navegar e ler. Para começar a narrar esta história de pesquisa, é fundamental falar dos letramentos, que, na atualidade, vêm evidenciando sua plasticidade.

Letramentos

Letramento e *agência de letramento* são conceitos essenciais para o trabalho com a leitura e o leitor, nos moldes do que fizemos nesta investigação. É também fundamental que se consolide a compreensão inequívoca de que existem *práticas de leitura*, em um *sistema de mídia* cada vez mais complexo. Se, no início da Idade Média, o *sistema de mídia* ocidental contava com poucas opções, o leitor da atualidade dispõe de muito mais formatos de texto, nos mais variados suportes. Se alguns conflitos desapareceram, outros

---

[2] Soares (2002) menciona os "protocolos de leitura" como uma possibilidade criada pela progressiva organização dos textos, ao longo da história do livro, em partes, capítulos, páginas, etc.

surgiram. Do ponto de vista do leitor, as *práticas* também se alteraram. E para aqueles com quem isso ainda não aconteceu, ao menos podem saber que os horizontes certamente se alargaram.

O *letramento* está relacionado aos usos efetivos que as pessoas fazem da alfabetização que tiveram. Os diversos espaços que orientam as práticas de indivíduos e comunidades para letramentos diversos são chamados de *agências de letramento*. Pessoas e comunidades podem ser letradas em espaços diversos e por meio de práticas as mais distintas. A partir das agências, um leitor pode se tornar letrado em vários níveis, que são o que Kleiman (1995) e Tfouni (2004) chamam de *graus de letramento*. Não há limites para o letramento, uma vez que a humanidade sempre inventará formas novas de escrever, novos gêneros de texto, suportes de leitura, etc., de acordo com as infinitas necessidades que temos e teremos. A *web*, por exemplo, está entre nossas opções mais recentes. A relação entre os dispositivos para a comunicação foi recentemente reconfigurada; consequentemente, as possibilidades e as exigências do letramento também. E como é ler na tela do computador? A emergência dessa pergunta traz consigo pressupostos interessantes. O questionamento que a leitura em tela faz surgir parece reforçar a ideia de que ler em suportes impressos, como um jornal ou um livro, é uma prática consolidada, naturalizada e, para alguns, linear e passiva. Nesse sentido, o hipertexto reabre um debate sobre a atividade da leitura que nos é caro.

Hipertextos e leitura de jornais

Uma das características mais debatidas do hipertexto é a não linearidade de sua arquitetura, que enseja a ação não linear de leitura pelo "usuário". No lugar da larga coluna na página ou mesmo de colunas paralelas, o texto estaria organizado em blocos menores, apenas parcialmente aparentes, em camadas acessáveis por meio de elementos de ligação entre um bloco e outro, o que se convencionou chamar de *links*.[3] Cada bloco de texto (imagem ou outro modo de expressão) seria o começo (ou o fim) de outro e entre eles haveria um acesso possível (ou vários) marcado pelo *link*.

Esse modo de apresentar textos, em que o leitor vê uma face da obra, mas não tem acesso direto às outras, desencadeia uma discussão que já data de décadas. É possível encontrar quem defina o hipertexto por essa característica e quem diga que isso já existia muito antes de os computadores serem inventados. A não linearidade é, para alguns, uma premissa. Para outros, é

---

[3] Os *links* tratados aqui são os que aparecem marcados em palavras no texto. Há, no entanto, outros, dos quais se fala menos: aqueles interfaceados por botões, teclas, setas, etc. Como estes não estão *no* texto, ficam em segundo plano, atuando apenas como recursos do paratexto de uma página virtual.

importante, mas não suficiente para classificar um texto como hipertexto. Para citar alguns, Xavier (2007) e Soares (2002), por exemplo, afirmam ser necessário estar em ambiente digital para que um texto não linear seja um hipertexto. Outros tantos pesquisadores preferem considerar, genealogicamente, como Bolter e Grusin (2000), que hipertextos já existem há quase um milênio. Para esses, sumários e notas de rodapé levam o leitor à navegação e podem ser a realização primária dos *links*, já que, funcionalmente, acionam não linearidades num texto, mesmo estando ele em papel (por exemplo, LÉVY, 1993; CHARTIER, 2001a; 2001b).

Neste trabalho, assume-se a perspectiva daqueles que entendem que os hipertextos já existiam em meios anteriores aos digitais. E é esse recorte, baseado na concepção que se tem dos objetos impressos de ler, cujas arquiteturas de texto não são lineares, que permite incluir os jornais entre os hipertextos. Mesmo com tecnologias analógicas, produtos editoriais como revistas, jornais e livros de referência apresentavam ao leitor uma arquitetura composta de fragmentos, justaposições e propostas de busca e navegação. Isso sem contar a constatação de que, do ponto de vista cognitivo, qualquer leitura é hipertexto, como já sabia Bush (1945).

Silva (2002) cita Marcuschi para defender a hipertextualidade como "estratégia de organização textual, já que muitos gêneros podem aparecer num formato hipertextual". A primeira página do jornal impresso é, para a autora, exemplo de texto descontínuo, índice de páginas internas, "segmentos textuais conectados". Considerando as chamadas de primeira página como *links* (embora de natureza não digital), é possível considerar que "o leitor de jornal, à semelhança do 'navegador', pode definir o fluxo de sua leitura, sem se prender a uma sequência típica" (SILVA, 2002). Ainda segundo esse autor, "o texto jornalístico também se apresenta de forma fragmentária, se levarmos em consideração que a própria diagramação do jornal é uma espécie de 'colcha de retalhos', constituída por estruturas temáticas bem diversificadas" (SILVA, 2002).

Assim, os jornais têm a forma de um mosaico, em que o leitor seleciona o que quer ler e concebe uma ordem de leitura a partir de suas necessidades e preferências. Para Santaella (2004), citando Holtzman (1997, p. 30-31, grifos nossos), "o movimento para a expressão alinear, que caracteriza a hipermídia, não emergiu do nada. Seus primeiros sinais já se deram em 1844, quando da invenção do telégrafo, que catalisou o desenvolvimento das *mídias mosáiquicas* (expressão cunhada por McLuhan), *de que o jornal foi um dos primeiros exemplares*".

Ler um jornal pressupõe a aprendizagem de gestos descontínuos e seletivos. Com a prática, o leitor ganha habilidades que outros suportes podem dispensar: escanear a primeira página, observar numeração, saber o que é principal e o que é secundário na diagramação da notícia, relacionar o texto lido hoje a outro anterior. O conceito de *mídia mosáiquica* é fundamental aqui. Esse tipo de mídia promove, desde seu planejamento, uma leitura não linear e personalizada ("customizada", como preferem alguns *webdesigners*) e está genealogicamente relacionado a outros ambientes.

Métodos e instrumentos de pesquisa

Com base nos conceitos citados e em uma investigação empírica, passamos a relatar os resultados da pesquisa desenvolvida com um grupo de 22 alunos de instituição privada de ensino superior, em Belo Horizonte, com a intenção de compreender melhor determinado aspecto da leitura feita por esses participantes, sem a pretensão de generalizar os resultados observados. Alves-Mazzotti (2006), citando Stake, chama esse tipo de pesquisa de "caso instrumental", ou seja, aquele cujo interesse "deve-se à crença de que ele poderá facilitar a compreensão de algo mais amplo, uma vez que pode servir para fornecer *insights* sobre um assunto ou para contestar uma generalização amplamente aceita" (ALVES-MAZZOTTI, 2006, p. 641-642). Por exemplo, considera-se que os leitores que participaram desta pesquisa possam ter dado uma ideia de *tipicidade* no comportamento de leitores de jornais em ambientes impressos ou digitais.

GRUPOS DE LEITORES DE JORNAL

Iniciamos a investigação pela proposta de conhecer o perfil de leitores dos alunos do primeiro período do curso de Enfermagem. O curso foi escolhido por estar, naquele momento, atravessando uma fase de grande procura, com muitos alunos recém-chegados, grande parte deles oriunda de camadas economicamente desfavorecidas da sociedade e com baixo grau de letramento.

Com base na pesquisa Retrato da Leitura no Brasil (ANGIOLILLO, 2001), propusemos um questionário misto, composto por perguntas de múltipla escolha e abertas, que foi aplicado a todas as turmas do primeiro período do curso. Nosso intento era conhecer, por meio das respostas dos alunos, seus hábitos e frequência de leitura, especialmente de jornais impressos e *on-line*.[4] Dos 200 questionários aplicados, 144 foram respondidos e devolvidos.[5] Com

---

[4] Embora haja uma discussão, especialmente na Comunicação, sobre diferenciações entre jornalismo digital, jornalismo *on-line* e webjornalismo, não faremos distinção entre uns e outros neste trabalho. Para conhecer reflexões sobre essa nomenclatura e sobre práticas do fazer jornalístico, ver, por exemplo, Mielniczuk (2001; 2002; 2004; 2006) e Canavilhas (2001).

[5] Os resultados gerados pelos questionários foram publicados em Ribeiro e Rocha (2007).

base nessas respostas, foi possível distinguir quatro grupos de leitores: 1 - Leitores apenas de jornais impressos; 2 - Leitores apenas de jornais digitais; 3 - Não leitores de jornais; e 4 - Leitores de jornais impressos e digitais.

Como o G4 era formado por um perfil de leitor já pesquisado em investigação anterior (ver RIBEIRO, 2003; RIBEIRO, 2004), com resultados publicados, ativemo-nos aos outros três perfis, de cujos grupos selecionamos, inicialmente, 30 alunos para participar dos testes de navegação/leitura compostos de tarefas a serem cumpridas durante a leitura de jornais impressos e digitais. Para a proposição dessas tarefas, empregamos métodos inspirados nos testes de usabilidade da Ciência da Computação[6] e na matriz de habilidades de leitura do Sistema de Avaliação da Educação Básica (Saeb).

Dos alunos convidados, 23 executaram os testes. O G1 era composto por 11 estudantes, e G2 e G3 tinham, respectivamente, sete e cinco representantes. Os jornais escolhidos para os testes foram *Estado de Minas* e *O Tempo*, que dispunham de versões na web. Em 5 de agosto de 2006, compramos a versão impressa de cada um dos jornais e fizemos a captura de suas versões digitais em CD. Os leitores poderiam manipulá-los em papel e em tela da mesma forma, em ambientes autênticos. De posse desse material, planejamos as tarefas de navegação e selecionamos os textos noticiosos para leitura. Nossa proposta pretendia abordar tanto a navegação dos jornais quanto sua leitura propriamente dita, ou seja, a compreensão de alguma notícia pelos leitores. Para isso, programamos um breve trajeto entre a primeira página e as notícias selecionadas, as quais seriam lidas e sobre as quais cada participante responderia a algumas perguntas.

Conforme a proposta de classificação de Mielniczuk (2001), os jornais que empregamos para os testes são pouco mais do que simples transposições,[7] encontrando-se em um estágio em que utilizam links e certa interatividade, mas não chegam a ser ambientes completamente divorciados de seus projetos impressos. Essa característica de identidade entre o impresso e o digital tem sido usada como estratégia das empresas jornalísticas para

---

[6] Os testes de usabilidade são feitos em laboratórios onde leitores reais são filmados e suas navegações são gravadas em *softwares* específicos, para posterior avaliação pelos pesquisadores, em geral consultores ou engenheiros de *software*. A intenção é obter auxílio do próprio usuário para a produção de interfaces melhores e mais "usáveis". No entanto, esses testes não abordam aspectos psicolinguísticos do processamento leitor.

[7] Mielniczuk (2001) propõe uma espécie de categorização para os modos de fazer jornalismo surgidos na *web*, com base em experiências com o novo ambiente. Jornais "transpositivos" seriam aqueles que apenas migram suas notícias do meio impresso para o meio digital, sem se apropriar de qualquer possibilidade que o novo meio ofereça (interatividade, customização, memória, etc.). Jornais "metafóricos" se apropriam um pouco mais do novo ambiente, mas continuam a se planejar sob a metáfora do impresso. Os webjornais, sim, seriam feitos para a rede e costumam nem dispor de versão impressa.

facilitar a adesão do leitor à leitura em meio digital, no entanto, subaproveita características genuinamente digitais do ambiente. Nossa preferência por esse tipo de ambiente deveu-se, justamente, à intenção de oferecer ao aluno com o qual trabalharíamos algum conforto ou familiaridade com a interface. Um projeto webjornalístico muito inovador poderia oferecer tantos obstáculos à navegação que nossos resultados seriam previsíveis já em relação à usabilidade da interface. É interessante, no entanto, mencionar que testes com interfaces digitais inovadoras podem ensejar novas investigações sobre leitura e navegação.

Notícias impressas e digitais

Os jornais que utilizamos na pesquisa, em tamanho *standard*, são constituídos por vários cadernos que correspondem às editorias. Ambos apresentam primeira página em mosaico, com chamadas para matérias internas. A manchete ocupa o lugar mais evidente na página e as demais notícias se compõem em laterais, embaixo, em pontos menos ou mais visíveis pelo leitor (Apêndices 1 e 2).

As notícias selecionadas eram idênticas nas duas versões dos diários. Os meios distintos em que elas se encontravam ensejavam gestos diferentes por parte do leitor: o *link* em lugar da referência simples motivava o clique em lugar do folhear. Afora os gestos solicitados por um ou outro ambiente, as habilidades de leitura demandadas pelos textos seriam apuradas nas mesmas notícias, em ambas as interfaces.

Escolhemos duas notícias de cada jornal, ambas relacionadas a fatos do cotidiano da cidade de Belo Horizonte, onde todos os estudantes residiam, trabalhavam ou estudavam. Dessa forma, pensamos minimizar problemas gerados pela falta de conhecimento prévio ou de informações compartilhadas entre jornalista e leitor.

No *Estado de Minas* e n'*O Tempo*, as chamadas contêm indicação de página. Os jornais são numerados e impressos em cores, com textos e fotos. O *Estado de Minas* de 5 de agosto de 2006 era composto de sete cadernos: Primeiro, Gerais, Informática, Cultura, Classificados, Esportes e Imóveis. As páginas eram numeradas, sendo que os cadernos Primeiro, Gerais e Esportes tinham numeração contínua. Os textos que utilizamos para os testes de navegação e leitura se encontravam nos primeiros cadernos. Os critérios de seleção desses textos foram pensados de forma a evitar discrepância de extensão entre eles, além de darmos preferência aos que tivessem estrutura semelhante, mesmo gênero textual, imagens e infográficos de importância similar, certo padrão de linguagem jornalística, poucos ou nenhum problema de revisão em língua portuguesa.

Nas primeiras páginas, optamos por selecionar chamadas com pesos diferenciados, por exemplo, a manchete e uma notícia em "zona morta",[8] de menos importância jornalística. Dessa forma, buscamos selecionar textos diagramados em posições diferentes e cujas matérias em páginas internas fossem o menos discrepante possível em relação à linguagem, ao tamanho e ao uso de linguagem não verbal. O fato de obedecermos a critérios também visava evitar demora excessiva nos testes e diferenças muito grandes entre as tarefas.

O texto "Inflação de BH é a maior de novo" encontrava-se na página 14 do Primeiro Caderno do *Estado de Minas*. Na capa do jornal, selecionamos a manchete "Inflação de BH é 10 vezes maior". A notícia "Saúde de agentes sob ameaça" encontrava-se na página 23 do Gerais, segundo caderno do jornal, em posição de destaque (topo), com foto e legenda. Na capa, a chamada "Zoonoses em más condições", posicionada à direita embaixo, uma "zona morta" do jornal, era compensada por um *box* com fundo de cor forte e foto.

O jornal *O Tempo* apresentava, naquele dia, apenas três cadernos: Primeiro, Cidades e Magazine. Na primeira página, era possível encontrar a chamada para a notícia "Pedestre se arrisca em obra na Antônio Carlos", em posição de pouco destaque, à direita, embaixo. O que compensava essa desvantagem era uma foto grande. Nas páginas internas, a notícia selecionada encontrava-se na página B5, no caderno de Cidades. Cobria mais da metade da página e a dificuldade em encontrá-la talvez se devesse ao fato de *O Tempo* ter paginação alfanumérica (um marcador para a navegação). A segunda notícia de *O Tempo*, "DRT encontra 24 homens em regime de escravidão", ficava logo abaixo da primeira, sem foto, com texto completo indicado na página interna B6. Ao manipular o jornal, o leitor encontraria a notícia integral na última página do caderno Cidades. Os critérios de seleção dos textos na capa e nas páginas internas do jornal foram os mesmos empregados no *Estado de Minas*.

Para que o leitor chegasse até as notícias solicitadas, consideramos estratégico, ou seja, uma forma consciente de escolher uma forma de navegação:

1) fazer o *skimming* da primeira página, ou seja, um mapeamento geral do campo;
2) escanear a primeira página, ou seja, lê-la diagonalmente já em atitude de busca;

---

[8] Collaro (2000) chama de "zona morta" os espaços menos visíveis da organização da página diagramada, tais como posições embaixo à esquerda, que são as últimas que olhamos quando lemos. Alguns projetos de design dão soluções com cores e imagens para compensar a desvantagem da posição.

3) encontrar as prováveis notícias solicitadas;
4) selecionar a chamada e a indicação de numeração de página interna;
5) manipular o jornal até chegar à página indicada na capa;
6) encontrar e ler a notícia.

Para fazer esse percurso, era necessário conhecer o protocolo de navegação dos jornais diários, saber a função de mosaico/sumário das capas, buscar a numeração (função hipertextual) e manipular os jornais, observando cadernos e numeração. No entanto, não se pode encontrar a notícia apenas com habilidades de navegação. É necessário fazer uma associação entre o tipo de notícia e a editoria mais pertinente (ou seja, ter desenvolvido habilidades como distinção de temas, assuntos e comparações), assim como converter o título que ela tem na capa do jornal para o título que ela terá internamente (compreensão da proposição).

O *Estado de Minas* digital apresentava a mesma hierarquização de notícias do impresso. A navegação do jornal dependeria de o leitor escanear a página inicial (*home*) em busca das chamadas. Isso implica mover a barra de rolagem do *site*. Daí em diante, ao identificar a chamada da notícia, era necessário clicar no *link* para ter acesso ao texto integral.

No jornal *O Tempo*, a notícia sobre as obras na Avenida Antônio Carlos, em Belo Horizonte, mantinha posição semelhante à do impresso, com a mesma foto. Já a notícia sobre trabalho escravo em Minas Gerais não existia na página inicial. Nossa hipótese era de que isso poderia representar um embaraço para o leitor, que deveria ir à editoria mais pertinente, no menu à esquerda, e procurar por chamadas internas.

Para que o leitor chegasse até as notícias solicitadas, consideramos estratégico:

1) fazer o *skimming* da primeira página, ou seja, um mapeamento geral do campo;
2) escanear a página inicial do *site*;
3) encontrar a chamada e o *link* para página interna;
4) clicar;
5) encontrar e ler a notícia.

Tarefas e ambiente de pesquisa

Os testes de navegação e leitura de notícias foram feitos na sala de Ensino a Distância da instituição, onde dispúnhamos de microcomputador com sistema operacional Windows e navegador Internet Explorer. As versões impressas dos diários estavam à disposição dos leitores em cima de uma mesa.

Para gravação dos testes em áudio e vídeo, dispúnhamos de uma câmera de vídeo parada, em tripé, registrando imagem aberta do leitor e do computador; uma câmera de mão, que forneceria detalhes das mãos e expressões do rosto; gravador de áudio e microfone, ambos para captação da voz do estudante, que faria um protocolo verbal enquanto navegasse.

Cada leitor recebia duas tarefas de navegação e leitura: encontrar e ler uma notícia no *Estado de Minas* e fazer o mesmo n'*O Tempo*. O primeiro participante cumpria duas tarefas nos dois jornais e o leitor seguinte recebia as mesmas tarefas, com textos e ambientes trocados, de maneira que pudéssemos avaliar as navegações de todos os textos em ambientes diferentes por todos os participantes. Por exemplo: o Leitor 1 procurava a notícia A no jornal impresso e a notícia B no jornal *on-line*. O Leitor 2 procurava a notícia A no jornal *on-line* e a B, no impresso. Essa troca, em ambos os jornais, permitiu que obtivéssemos dois testes de cada participante.

A exigência da tarefa proposta aos leitores não era alta: encontrar, na primeira página do jornal, impresso ou digital, determinada chamada (que anunciávamos apenas pelo tema) e adentrar pelo ambiente em busca da matéria completa. Após o cumprimento das tarefas, encontrado o texto, o estudante podia sair da sala dos computadores para responder à folha de questões de leitura. É importante frisar que o leitor levava as notícias impressas e podia sempre consultar o texto ao responder às questões. Não restringimos a movimentação dos estudantes e não tínhamos como objetivo verificar se a leitura em ambiente digital é melhor do que a leitura em ambiente impresso. Esse tipo de resposta já foi fornecido por outros pesquisadores (por exemplo, COSCARELLI, 2003) e já se sabe que, quando há diferença qualitativa na leitura nos dois meios, ela é mínima, "um empate técnico". Nossa intenção era verificar diferenciações entre navegar e ler, considerados como níveis ou camadas diferentes do ato de ler.

O jornal impresso completo, fechado e dobrado foi entregue aos leitores. Enquanto navegava pelo jornal impresso (considerando o percurso feito em busca de uma notícia, da capa à página interna), solicitamos ao leitor que narrasse as ações que executava. Esse *protocolo verbal* foi gravado em áudio e vídeo e, posteriormente, transcrito. As imagens foram cotejadas com as transcrições e os textos puderam ser complementados com a descrição de gestos e reações. O mesmo foi feito durante a leitura de textos digitais. Dessa forma, obtivemos um *corpus* para análise com a seguinte feição:

> O Tempo... problemas de? Obras? Antônio Carlos. Passar pelo link. Não, não. (*Lê a página inicial e subvocaliza*). Estou procurando o título da matéria. Como que é? Mulheres? Problemas com pedestres na Antônio Carlos. Vou tentar aqui para ver se eu encontro. (*Vai até a Busca do jornal*). Mais fácil. Vamos ver se ele vai

me dar... (*subvocaliza*). Difícil, viu. Vou no *link* Cidades para ver se eu encontro. (*Lê*).

Brown e Rodgers (2002) chamam esse tipo de método de *introspectivo*, já que o processo tenta obter dos informantes seus modos de raciocínio por meio do relato oral.[9] Pressley e Hilden (2004) consideram o método bastante útil e confiável, desde que alguns cuidados sejam tomados pelo pesquisador, por exemplo, que a explicação da tarefa a ser cumprida seja simples, sem muita orientação; que se evite a interrupção do processo para que o leitor não modifique o fluxo normal de leitura; e que o texto lido seja adequado à competência leitora do informante.

A modalidade de protocolo verbal utilizada neste trabalho dá a oportunidade de os leitores falarem sobre o que estão fazendo no instante da atividade, sem atraso, hesitação ou necessidade de memorização. No entanto, a gravação em vídeo nos proporcionou a maior parte dos dados para análise. Notamos que os informantes tinham grande dificuldade de manter o protocolo verbal à medida que manipulavam os *links* e textos, tanto no material impresso quanto no digital, pois, à medida que encontravam dificuldades, passavam a dispensar atenção a apenas uma das ações.

Há outros tipos de protocolo verbal. Pressley e Hilden (2004) mencionam, por exemplo, aquele em que o leitor reporta, após a leitura, o que fez durante o processo. Nesse caso, os autores apontam uma possível interferência da interpretação que o leitor dá aos processos que executa. O protocolo verbal feito *durante* a leitura depende de memória de trabalho e, portanto, parece ser mais direto.

No vídeo, pudemos registrar o modo como os leitores lidavam com *mouse*, cliques, teclado, tela, etc. e como olhavam a tela, subvocalizavam, além de suas expressões e gestos. Cada leitor forneceu à pesquisa um protocolo verbal de navegação para jornal impresso e um protocolo para jornal digital. Após a navegação, cada leitor respondeu a um teste de compreensão dos textos, composto com base em algumas habilidades descritas na matriz de Língua Portuguesa do Sistema de Avaliação da Educação Básica (Saeb).

Os testes de leitura

A Matriz de Referência de Língua Portuguesa volta-se "para a função social da língua" e privilegia as habilidades de leitura. Para isso, busca aferir o conhecimento dos leitores em "diferentes níveis de compreensão, análise e interpretação". Em relação ao teste de Língua Portuguesa, "os descritores

---

[9] Tais métodos aparecem na obra de Brown e Rodgers (2002) com os nomes *think-aloud*, *talk-aloud* e *estudo retrospectivo*, mais ou menos como sinônimos.

têm como referência algumas das competências discursivas dos sujeitos, tidas como essenciais na situação de leitura" (BRASIL, 2007). Em razão da extensão e do gênero dos textos escolhidos para esta pesquisa, algumas características das notícias eram mais salientes do que outras, demandando habilidades que nos pareceram mais importantes ou mais evidentes. Dessa forma, optamos por trabalhar a compreensão dos textos com base em alguns descritores, quais sejam, D1, D2, D11 e D17:

> **Tópico I. Procedimentos de Leitura**[10]
> D1 – Localizar informações explícitas em um texto.
> **Tópico IV. Coerência e Coesão no Processamento do Texto**
> D2 – Estabelecer relações entre partes de um texto, identificando repetições ou substituições que contribuem para a continuidade de um texto.
> D11 – Estabelecer relação causa/consequência entre partes e elementos do texto.
> **Tópico V. Relações entre Recursos Expressivos e Efeitos de Sentido**
> D17 – Reconhecer o efeito de sentido decorrente do uso da pontuação e de outras notações.

Por entender que faltavam dados sobre a compreensão global das notícias, somamos às tarefas de nosso experimento a produção de um resumo escrito. Quanto à escolha dos descritores, D1 nos parecia uma habilidade básica; D2 e D11 apresentavam nível mais complexo; D17 parecia uma habilidade superficial, mas, em textos jornalísticos, algumas notações têm forte presença e são importantes para a marcação de vozes no texto, como se verá em relação ao uso de aspas. O resumo das notícias fazia emergirem a compreensão e mesmo a interpretação das narrativas noticiosas.

Os navegantes

Os 23 leitores que participaram dos testes de navegação geraram resultados que serão aqui analisados por grupos, conforme categorização já mencionada: leitores de jornais impressos, leitores de jornais digitais e não leitores de jornais.

Grupo 1

Os 11 estudantes que faziam parte do Grupo 1 (leitores apenas de jornais impressos) não apresentaram comportamentos discrepantes quando

---

[10] Disponível em: <http://www.inep.gov.br/basica/saeb/caracteristicas.htm>. Acesso em: 7 jun. 2007.

mudaram de ambiente de navegação. Em sua maioria, mostraram-se desembaraçados na lida também com jornais digitais, exceto quando dependiam de máquinas de busca, que não sabiam utilizar. Outro indício de que conheciam o objeto de leitura com que lidavam era o relativo conhecimento da nomenclatura utilizada para as partes do jornal. Ribeiro (2003) já havia mostrado a relação entre o letramento e o conhecimento da nomenclatura utilizada para seções e editorias.

A estratégia de dirigir-se diretamente ao caderno mais pertinente parece importante para a maioria dos leitores deste grupo. Três padrões de comportamento emergiram das leituras: o leitor que escaneia primeiras páginas (no papel ou na tela) e, após essa varredura, "entra" no jornal; o usuário que procura diretamente por cadernos e editorias; e o leitor que prefere folhear (ou navegar a esmo) até encontrar a notícia. Não se pode dizer, no entanto, que haja alinhamento entre as ações do mesmo leitor no papel e na tela. Há quem escaneie papel e prefira selecionar abas no jornal digital e há quem faça o contrário.

Grupo 2

O Grupo 2 era formado por estudantes que se declararam leitores apenas de jornais digitais e diziam ter pouca experiência na leitura de impressos. Mostraram desembaraço na manipulação de ambos os tipos de jornal. Pareceram-nos mais afoitos em relação às máquinas de busca e menos refinados em suas pesquisas para encontrar as notícias solicitadas.

As operações dos leitores do Grupo 1 (leitores de impressos) e as do Grupo 2 não parecem muito diferentes entre si. O ambiente de leitura em que os estudantes atuam parece fazer pouca diferença em relação às opções que selecionam. No entanto, é possível divisar um "vício" maior dos leitores do Grupo 2 em relação às máquinas de busca, assim como um embaraço maior com relação ao conhecimento da interface mosáiquica impressa. No Grupo 2, foi mais comum que os estudantes optassem por folhear o jornal quando se davam conta de que não conheciam o mecanismo de procura dos impressos. Os estudantes conhecem trajetos possíveis para ler jornais, mas nem sempre optam pelos mais rápidos. De qualquer forma, vão fazendo tentativas que terminam, em sua maioria, por levá-los à notícia solicitada.

Grupo 3

O Grupo 3 era formado por estudantes que declararam não ler quaisquer jornais, em ambiente algum. Nossa hipótese era a de que não demonstrariam intimidade com a interface hipertextual e que se embaraçariam mais do que os leitores dos Grupos 1 e 2. No entanto, o Grupo 3 comporta desde estudantes que cumpriram as tarefas propostas e apresentaram alguma noção da leitura em composições mosáiquicas até estudantes que se mostraram bastante distanciados do processo de ler hipertextos, tanto faz se em papel ou em tela. Nesses grupos, os estudantes têm alguma noção dos protocolos projetados e não chegam a se mostrar completamente alheios à maneira como se procede na busca por uma notícia. De fato, o Grupo 3 foi o que mais apresentou leitores com dificuldades de cumprir a tarefa solicitada, mas também foi o único em que os estudantes sentiam muita necessidade de se explicar, de "pedir desculpas" pela pouca habilidade com as interfaces.

O trajeto proposto pela pesquisa, que parecia tão pouco exigente, agora mostra que as nuances entre os leitores, mesmo para cumprir algo aparentemente tão simples, são muitas, e todas elas dependem de experiências de leitura e de letramento das quais nem mesmo os próprios leitores têm consciência.

Leitura e compreensão dos textos

Todos os grupos fizeram testes de habilidades de leitura das notícias que encontraram depois de navegar. Procederemos à análise dos resultados da leitura de cada grupo, por descritor, já que, caso as análises fossem feitas por grupos, ficariam muito repetitivas.

Localização de informações (D1)

Os testes de leitura referentes aos quatro textos de jornais, nos dois ambientes (impressos e digitais), foram respondidos adequadamente[11] pelos estudantes dos três grupos. Esse bom desempenho era, na verdade, esperado, já que tratávamos com estudantes universitários e essa habilidade é considerada básica.

Estabelecimento de relações entre partes de um texto (D2)

Para a compreensão dos textos, eram necessárias algumas inferências de tipo conectivo (Coscarelli, 1999), que favoreciam a compreensão do todo. Dos 23 leitores, 11 leram notícias do *Estado de Minas*, sendo que, destes, 10 responderam corretamente à questão composta com base em D2. Os estilos de resposta variaram dos mais detalhados aos mais objetivos. No mesmo jornal, com relação ao texto "Zoonoses em más condições", nove leitores deram respostas adequadas à questão proposta para D2.

---

[11] Com base em Possenti (1999), construímos um "gabarito" de respostas autorizadas às questões propostas para cada texto. Tratando-se de notícias jornalísticas, pudemos considerar que houvesse leitura mais adequada. As leituras desautorizadas pelo texto foram consideradas "inadequadas".

Dos nove leitores do jornal *O Tempo*, oito responderam satisfatoriamente à questão proposta para "Pedestre se arrisca em obra na Antônio Carlos". Em relação ao texto "DRT encontra 24 homens em regime de escravidão", apenas quatro estudantes deram resposta satisfatória. Os demais apresentaram respostas evasivas ou não resolveram a questão. Embora a habilidade descrita fosse idêntica, o grau de dificuldade da questão era maior para o segundo texto, o que se refletiu no desempenho dos leitores.

Estabelecimento de relações de causa e consequência (D11)

Para esta habilidade, a maioria dos estudantes demonstrou mais dificuldade, dando respostas inadequadas ou simplesmente deixando a questão em branco. A complexidade da habilidade demandada pelo item parece prevalecer em relação a perfis de grupos de leitores. A pesquisa demonstrou que a dificuldade de ler não estava relacionada à dificuldade de navegar. Os comportamentos de navegação de grupos de não leitores, leitores de jornais impressos e digitais não apresentaram padrões nítidos, assim como uma pretensa diferenciação entre navegantes contumazes e leitores analógicos não se mostrou adequada em relação à compreensão de textos. Não leitores de jornais que demonstraram grande dificuldade de navegação apresentaram bom desempenho em níveis mais complexos de compreensão de texto. O contrário também ocorreu.

Reconhecimento de efeitos de sentido construídos com base em usos da pontuação ou do emprego de notações (D17)

Em geral, o emprego das aspas em notícias marca os depoimentos das fontes, tais como pessoas envolvidas no caso, autoridades, especialistas, ou seja, o gerenciamento das diversas vozes do texto é sistematicamente marcado por essa notação. A habilidade de construir sentido com base nessas marcações está vinculada a outras (não tratadas aqui), como distinguir fatos de opiniões ou perceber opiniões diferentes no texto, de maneira que não ter desenvolvido uma delas pode prejudicar a compreensão do texto inteiro, caso o leitor não domine essas notações.

As respostas consideradas adequadas para esta questão eram, para todos os casos, a marcação de depoimentos de fontes ou a diferenciação da voz do narrador e de outras pessoas, depoimentos, etc. Para o texto sobre a inflação em Belo Horizonte, dos 11 leitores do *Estado de Minas*, seis responderam corretamente à questão. Os cinco leitores que não deram respostas satisfatórias incorreram no engano de não focalizar o ponto mais adequado ao uso das aspas no contexto, embora pudessem indicar outros usos dessa notação. Sobre a notícia "Zoonoses em más condições", sete leitores identificaram a função adequada para o emprego das aspas, enquanto outras quatro respostas foram consideradas inadequadas, por fugirem completamente à função de marcação de vozes no texto.

As leituras dos textos do jornal *O Tempo* foram as que mais apresentaram problemas, principalmente porque a maior parte dos leitores não reconheceu as funções das aspas em notícias. No texto sobre obras na Avenida Antônio Carlos, dos nove leitores, apenas dois deram respostas consideradas satisfatórias, apontando o uso de aspas para marcar depoimentos e vozes diferenciadas da do jornalista. Os demais participantes ofereceram respostas inadequadas ao contexto.

No texto sobre trabalhadores em regime de escravidão, dos nove leitores, a confusão se desfez para seis. Apenas três confirmam alguma dificuldade em perceber com clareza o uso de aspas no texto. Embora muitos estudantes mencionassem, em suas respostas, usos de aspas tais como "fazer ironia" ou "palavra em língua estrangeira", não encontraram resposta adequada para a questão proposta, que demandava conhecimentos sobre citações diretas. Pareceu-nos que grande parte desses leitores "aprendeu", ao longo da vida, certos usos dessa notação, mas não podia reconhecê-los em seus contextos, em outras palavras, os estudantes demonstravam conhecimento conceitual, mas não procedimental sobre essas marcas da escrita.

Sumarização de texto

Analisando a matriz de Língua Portuguesa do Saeb, consideramos problemática a ausência de um descritor que verificasse a habilidade de compreensão global do texto na forma de uma narrativa. Por isso, propusemos um resumo da notícia.

Nossa avaliação dos resumos produzidos pelos leitores utilizou critérios como: a) se as linhas principais da narrativa do texto original estavam presentes; b) se o estudante distinguia elementos principais de secundários; c) se a hierarquia das informações vinha "colada" ao texto original ou se havia elaboração; d) se havia pertinência entre o lido e o texto (ausência de "achismos", opinião pessoal, tendência à digressão). A habilidade de sumarização que queríamos verificar está intimamente relacionada a descritores mais específicos, como identificar o tema e a tese de um texto, sendo capaz de distinguir argumentos e/ou perceber partes secundárias e partes principais.

A maioria dos estudantes mostrou-se capaz de produzir resumos das notícias. No entanto, foi notável a diferença entre sumarizações em que o leitor reformulava a macroestrutura textual, revelando inferências e, de fato, compreendendo o texto, até as sumarizações em que o leitor não conseguia se descolar de repetições literais (ou quase) do texto original.[12] Em todos

---

[12] As estratégias cognitivas da sumarização são bem explicadas e discutidas por Kleiman (2004).

os grupos de estudantes isso ocorreu, não havendo padrões relacionados à preferência por jornais impressos ou digitais, nem mesmo havendo distinção entre perfis de navegação. As sumarizações de todos os textos, de ambos os jornais, apresentaram problemas da mesma ordem, não havendo também padrões perceptíveis entre *Estado de Minas* e *O Tempo*, impressos ou digitais.

Considerações finais

Os dados gerados pelos testes de navegação e leitura, em todos os grupos (impressos e digitais, em ambos os jornais trabalhados), sugerem diferenças de desempenho de leitura mais relacionadas à ausência de determinadas habilidades leitoras, independentemente de os textos serem apresentados em meio impresso ou digital. Os fatores que parecem preponderantes estão mais relacionados, no caso desta pesquisa, a questões como:

a) dificuldades percebidas pelo leitor no texto: palavras desconhecidas, não reconhecimento de emprego de marcações e sinais, falta de conhecimento prévio sobre aspectos da História, por exemplo;

b) pouco reconhecimento de aspectos significativos da composição dos textos nas páginas, como é o caso de leitores que não compreendem fios, boxes e fundos reticulados como indícios de que os textos ali diagramados são secundários em relação ao texto da notícia principal. Essas hierarquias nem sempre são percebidas ou conhecidas pelo/do leitor.

Fazendo-se um cruzamento entre as declarações dadas pelos leitores no questionário inicial da pesquisa, os testes de navegação e os testes de leitura (com base no Saeb), pudemos verificar que leitores cujas experiências letradas (declaradas[13]) são mais numerosas e variadas, na escola ou fora dela, apresentam melhores desempenhos de navegação (tanto no jornal impresso quanto no digital) e de leitura nos testes, com poucas exceções. Há os casos discrepantes, em que estudantes que se declararam leitores frequentes de jornais tiveram maus resultados nos testes, assim como há os casos de pessoas que se disseram pouco afeitas à leitura de jornais em qualquer ambiente, mas demonstraram habilidade avançada de navegar em jornais e de ler notícias. Casos extremos como os mencionados vêm sendo

---

[13] É importante frisar que os leitores fizeram declarações às pesquisadoras com base em suas autoavaliações do que seja ler muito, ler pouco, ter hábito de ler. Esse tipo de declaração apresenta problemas de confiabilidade, dada a subjetividade das respostas e até mesmo a necessidade que alguns leitores têm de camuflar seus verdadeiros hábitos. Há leitores que se dizem frequentes para "agradar" às pesquisadoras, assim como há aqueles que demonstram modéstia excessiva ao tratar de suas vidas com os livros.

analisados mais dedicadamente em outros trabalhos, com base em estudos de letramento visual, *design* e legibilidade.[14]

O fato de não haver, ao menos entre os dados gerados por esta investigação, grandes diferenças entre leitores de jornais em telas ou no papel é apenas uma confirmação de pesquisas que já têm sido feitas. Observou-se, nos comportamentos dos leitores participantes desta pesquisa, que, de modo geral, parecem explorar as interfaces que têm diante de si, mesmo não demonstrando intimidade com elas.[15] Outro dado interessante diz respeito ao fato de grande parte dos leitores demonstrarem que habilidades de navegar e de ler são camadas diferentes de letramento (seja no papel, seja na tela), importando muito que ambas se retroalimentem. Vários leitores demonstraram ser possível navegar bem e não atingir bons resultados para diversas habilidades de leitura das notícias. Outro grupo de leitores demonstrou dificuldades de navegar nas interfaces em busca de textos. No entanto, ao encontrá-los, podiam ler com compreensão as notícias do dia. É interessante destacar que os próprios leitores não têm consciência de seus graus de letramento, inclusive o digital. Ao fazerem afirmações sobre sua capacidade de ler jornais, não têm noção de seus desempenhos reais diante dos diários e das notícias.

Habilidades para lidar com interfaces e habilidades propriamente de leitura (linguísticas) parecem extratos distintos da leitura, algo que provavelmente um pesquisador da Semiótica tomaria como óbvio. Estamos falando, então, de uma sobreposição de habilidades de leitura de textos escritos (ou, melhor, uma interpolação delas) que deveriam ser desenvolvidas de maneira integrada, e aqui queremos nos referir principalmente àqueles aspectos do texto que a Linguística insiste em chamar de "extratextuais". As combinações de letramentos são muitas e surtem efeitos também combinatórios.

Com isso, queremos dizer que todo objeto de ler (o texto no suporte ou com o nome que tenha) é complexo e é composto por uma série de sobreposições tecnológicas às quais o leitor também responde (ou não) com outras sobreposições (de letramento). Em algum ponto das propostas de formação das agências de letramento (especialmente a escola), não se tem mostrado ao

---

[14] Em 2010, concluí uma pesquisa de pós-doutoramento na Pontifícia Universidade Católica de Minas Gerais (PUC Minas), no Programa de Pós-Graduação em Comunicação, sob a supervisão do prof. Júlio Pinto. Com base em testes que fiz visitando escolas de Belo Horizonte, ao longo de um ano, produzimos alguns trabalhos sobre a percepção que crianças pré-alfabetizadas, adultos analfabetos e jovens universitários têm do *layout* dos jornais. Por enquanto, é possível conhecer o artigo que deu origem ao trabalho em Ribeiro (2009).

[15] Para mais detalhes sobre esta investigação, apenas ligeiramente resumida aqui, ver a tese *Navegar lendo, ler navegando: aspectos do letramento digital e da leitura de jornais*, já disponível na Internet. Vários trabalhos derivados da tese já foram publicados e outros deverão refinar e rever as análises feitas.

leitor em formação como operar interfaces, com honrosas exceções. Embora o texto, de preferência o bom texto, venha sendo assunto escolar, os suportes onde ele está inscrito nem sempre são. Os "modos de usar" ficam sempre de fora da "receita". Não é de hoje que as pessoas estudam textos fora das plataformas em que foram publicados. Talvez esse seja um dos nós que as levam, em alguns casos, a não reconhecer indícios significativos de leituras que dependem, também, da diagramação e da organização dos textos nas páginas, analógicas ou digitais. Chartier (2001b) já dizia que nenhum texto pode ser separado do suporte que o dá a ler. Muito embora essa "separação" tenha seus efeitos didáticos e passe por um "recorte científico", é importante encontrar meios e teorias que reaproximem os aspectos necessariamente multimodais ou multissemióticos da leitura (que sempre o foram).

Coscarelli (2003, p. 1) não acredita que "um conjunto de textos interligados por meio de *links*" poderia ter tantos motivos para ser tão diferente dos textos "comuns" em relação aos processos da leitura. Não parece haver nada de tão novo na leitura do hipertexto, ao menos em relação à ativação de habilidades de leitura necessárias em qualquer ambiente. Embora o projeto das interfaces tenha mudado, o leitor não parece acompanhar, sempre, tais alterações. Mostra-se capaz de aprender a leitura em telas antes mesmo de se familiarizar com suportes de papel, assim como parece poder navegar sobre um mar de sentidos que ele não conhece; ou, ao contrário, chegar aos sentidos mesmo tendo encontrado obstáculos na lida com o suporte. Em um "sistema de mídia" aberto como o nosso, não faltará tarefa para o professor atento às configurações do letramento. É importante reconhecer sempre que a formação de leitores é uma obra aberta.

Referências

ALVES-MAZZOTTI, A. J. Usos e abusos dos estudos de caso. *Cadernos de Pesquisa*, v. 36, n. 129, p. 637-651, set./dez. 2006.

ANGIOLILLO, F. Brasileiro não encontra prazer na leitura. *Folha de S.Paulo*, São Paulo, 14 jul. 2001. Ilustrada, p. E8.

BOLTER, J. D.; GRUSIN, R. *Remediation*: understanding new media. Cambridge: MIT Press, 2000.

BRASIL. O que é o Saeb? Sistema de Avaliação da Educação Básica. Brasília: INEP, 2007. Disponível em: <http://www.inep.gov.br/basica/saeb/caracteristicas.htm>. Acesso em: 7 jun. 2007.

BRIGGS, A.; BURKE, P. *Uma história social da mídia*: de Gutenberg à Internet. Trad. Maria Carmelita Pádua Dias. Rio de Janeiro: Jorge Zahar, 2004.

BROWN, J. D.; RODGERS, T. *Doing second language research*. Oxford: Oxford University Press, 2002. chap. 1, 2, 3.

BUSH, V. *As we may think*. 1945. Disponível em: <http://www.ps.uni-sb.de/~duchier/pub/vbush/vbush-all.shtml>. Acesso em: 15 jul. 2011.

CANAVILHAS, J. M. Webjornalismo: considerações gerais sobre jornalismo na web. In: CONGRESSO IBÉRICO DE COMUNICAÇÃO, 1., Málaga, 7-9 maio 2001. *Anais*... Málaga: Faculdade de Ciências da Comunicação da Universidade de Málaga/ Sociedade Portuguesa de Comunicação, 2001. Disponível em: <http://www.bocc.ubi.pt/_esp/autor.php?codautor=602>. Acesso em: dez. 2006.

CHARTIER, R. *Cultura escrita, literatura e história*: conversas de Roger Chartier com Carlos Aguirre Anaya, Jesús Anaya Rosique, Daniel Goldin e Antônio Saborit. Porto Alegre: Artmed, 2001a.

CHARTIER, R. Textos, impressão, leituras. In: HUNT, Lynn. *A nova história cultural*. 2. ed. Trad. Jefferson Luiz Camargo. São Paulo: Martins Fontes, 2001b.

COLLARO, A. C. *Projeto gráfico*: teoria e prática da diagramação. 4. ed. São Paulo: Summus, 2000. (Novas buscas em Comunicação.)

COSCARELLI, C. V. Espaços hipertextuais. In: ENCONTRO INTERNACIONAL LINGUAGEM, CULTURA E COGNIÇÃO, 2., Belo Horizonte, jun. 2003. Anais... Belo Horizonte: FaE/UFMG, 2003. (CD-ROM)

COSCARELLI, C. V. *Leitura em ambiente multimídia e produção de inferências*. Tese. (Doutorado em Estudos Linguísticos), Faculdade de Letras, Universidade Federal de Minas Gerais, Belo Horizonte, 1999.

KLEIMAN, A. B. *Leitura*: ensino e pesquisa. 2. ed. Campinas: Pontes, 2004.

KLEIMAN, A. B. (Org.). *Os significados do letramento*: uma nova perspectiva sobre a prática social da escrita. Campinas: Mercado de Letras, 1995. (Letramento, Educação e Sociedade.)

LÉVY, P. *As tecnologias da inteligência*: o futuro do pensamento na era da informática. Trad. Carlos Irineu da Costa. Rio de Janeiro: Ed. 34, 1993. (TRANS.)

MIELNICZUK, L. A pirâmide invertida na época do webjornalismo: tema para debate. In: CONGRESSO BRASILEIRO DE CIÊNCIAS DA COMUNICAÇÃO, 25., Salvador, 1-5 set. 2002. *Anais*... Salvador: Sociedade Brasileira de Estudos Interdisciplinares da Comunicação, 2002.

MIELNICZUK, L. Características e implicações do jornalismo na web. In: CONGRESSO DA SOPCOM, 2., Lisboa, 2001. Disponível em: <http://www.facom.ufba.br/jol/pdf/2001_mielniczuk_caracteristicasimplicacoes.pdf>. Acesso em: dez. 2006.

MIELNICZUK, L. O desafio de aprender e de ensinar edição para webjornais. In: FELIPPI, Ângela; SOSTER, Demétrio de Azeredo; PICCININ, Fabiana (Org.). *Edição em jornalismo*: ensino, teoria e prática. Santa Cruz do Sul: Edunisc, 2006.

MIELNICZUK, L. Webjornalismo de terceira geração: continuidades e rupturas no jornalismo desenvolvido para a web. In: ENCONTRO DOS NÚCLEOS DE PESQUISA DA SOCIEDADE BRASILEIRA DE ESTUDOS INTERDISCIPLINARES DA COMUNICAÇÃO, 27., Porto Alegre, 2004. *Anais*... Porto Alegre: Intercom, 2004. Disponível em: <http://reposcom.portcom.intercom.org.br/handle/1904/17332>. Acesso em: dez. 2006.

POSSENTI, S. A leitura errada existe. In: BARZOTTO, Valdir Heitor (Org.). *Estado de leitura*. Campinas: Mercado de Letras/Associação de Leitura do Brasil, 1999. (Leituras do Brasil.)

PRESSLEY, M.; HILDEN, K. Verbal protocols of reading. In: DUKE, N. K.; MALLETTE, M. H. *Literacy research methodologies*. New York: Guilford Press, 2004.

RIBEIRO, A. E. *Ler na tela*: novos suportes para velhas tecnologias. Dissertação. (Mestrado em Estudos Linguísticos). Faculdade de Letras, Universidade Federal de Minas Gerais, Belo Horizonte, 2003.

RIBEIRO, A. E. Letramento digital – lendo em papel e em pixel. *Educação em Revista*, n. 40, p. 151-164, dez. 2004.

RIBEIRO, A. E. O layout e a leitura: implicações da diagramação do jornal na compreensão leitora. In: ENCONTRO ANUAL DA COMPÓS, 18., Belo Horizonte, 2009. *Anais Compós 2009*. Belo Horizonte: PUC Minas, 2009.

RIBEIRO, A. E.; ROCHA, J. Letramento digital de estudantes universitários: estudo de caso. *Informática Pública*, ano 9, n. 2, p. 29-36, dez. 2007.

SANTAELLA, L. Antecedentes da alinearidade hipermidiática nas mídias *mosáiquicas*. In: BRASIL, André *et al*. (Org.). *Cultura em fluxo*: novas mediações em rede. Belo Horizonte: Editora PUC Minas, 2004.

SILVA, M. S. R. O jornal é um hipertexto? In: SEMINÁRIO NACIONAL O PROFESSOR E A LEITURA DO JORNAL, 1., Campinas, 29-31 jul. 2002. *Anais...* Campinas: Associação de Leitura do Brasil, 2002. Disponível em: < http://alb.com.br/arquivo-morto/anais-jornal/jornal1/comunicacoes/HIPERTEXTO.htm>. Acesso em: 11 dez. 2006.

SNYDER, I. A new communication order: researching literacy practices in the network society. *Language and Education*, v. 15, n. 2-3, p. 117-131, 2001.

SOARES, M. Novas práticas de leitura e escrita: letramento na cibercultura. *Educação e Sociedade*, Campinas, v. 23, n. 31, p. 143-160, dez. 2002.

TFOUNI, L. V. *Letramento e alfabetização*. 6. ed. São Paulo: Cortez, 2004. (Questões da Nossa Época; v. 47.)

XAVIER, A. C. dos S. A dança das linguagens na web: critérios para a definição de hipertexto. In: SILVA, T. C. S.; MELLO, H. (Org.). *Conferências do V Congresso Internacional da Associação Brasileira de Linguística*. Belo Horizonte: Fale/UFMG, 2007. v. 1, p. 199-210.

WOLTON, D. Pensar a internet. *Revista FAMECOS*, Porto Alegre, n. 15, ago. 2001.

APÊNDICE 1

Reprodução dos jornais impressos *Estado de Minas* e *O Tempo*, de 5 de agosto de 2006

VALE DO RIO DOCE TEM LUCRO DE R$ 6,1 BILHÕES NO PRIMEIRO SEMESTRE. PÁGINA A14

O TEMPO

ORIENTE MÉDIO

CONFLITO MATA PELO MENOS MAIS 8 CIVIS

OPINIÃO

Reeleição pode ser extinta a partir das eleições de 2010

Lula quer Constituinte para reforma política

Governo vai editar MP para reajuste de aposentados

COLUNISTAS

Carrocear do sinal da TV digital será financiado por banco

Pedestre se arrisca em obra na Antônio Carlos

DRT encontra 24 homens em regime de escravidão

Casa do Conde passará por reestruturação neste ano

LEIA MAIS

Ipatinga vence mais uma e está na próxima fase

APÊNDICE 2

Print Screen dos jornais digitais *Estado de Minas* e *O Tempo*, de 5 de agosto de 2006

APÊNDICE 3

Reprodução das notícias dos jornais

Índice atinge 0,6% em julho na capital, 10 vezes acima da média nacional de 0,06%, puxado pelos alimentos in natura

BH tem a inflação mais alta de novo

Banca do Mercado Central: mamão papaia liderou os aumentos de preços, ao disparar 125,56% no mês passado, em relação a junho

SANDRA KIEFER

O custo de vida em Belo Horizonte é o mais alto do país, atingindo 0,60% em julho, 10 vezes acima da média nacional, calculada em 0,06% pelo Índice de Preços ao Consumidor Semanal (IPC-S) da Fundação Getúlio Vargas (FGV), que mede a variação semanal dos preços. É a sexta semana seguida de alta do indicador na capital mineira, fruto da subida de preços dos alimentos in natura e da chegada das férias, que inflacionou as passagens de avião, dos ônibus intermunicipais, das oficinas mecânicas e das autopeças.

A pesquisa da FGV mostra ainda que a inflação em BH ficou 0,16 ponto percentual acima da de Brasília, segunda colocada no ranking, com 0,44%. A diferença foi significativamente maior na comparação com São Paulo e Porto Alegre, que ocupam a terceira e a quarta posição, com 0,07 e 0,06, respectivamente. A capital mineira apareceu também na contramão de outras três cidades, que registraram variação negativa, a saber Rio de Janeiro (0,02), Recife (0,14) e Salvador (0,18).

França Maria de Araújo, supervisora da FGV em Minas, observa que a inflação da capital mineira "saiu na frente" em relação às outras capitais, que só começaram a sentir os aumentos de preços no final do mês passado. "A partir de agora, os preços tendem a se acomodar em BH e a iniciar trajetória ascendente nas outras cinco cidades", compara a pesquisadora. Ela atribui a alta na capital mineira aos alimentos in natura, com destaque para o preço do mamão papaia, que saltou 125,59% em julho, na comparação com o mês anterior.

O mamão, segundo as Centrais de Abastecimento de Minas Gerais (Ceasa Minas), além de estar no período da entressafra, enfrentou problemas com a seca no Sul da Bahia e no Norte do Espírito Santo, regiões que abastecem os sacolões e supermercados de BH. "O inverno seco afetou a produção do mamão, que já sente muito com o frio. O produto, além de ter caído a oferta, caiu também na qualidade", afirma França.

REFORÇO A inflação também subiu em Belo Horizonte em julho, conforme a medição de outro indicador, o Índice de Preços ao Consumidor Amplo (IPCA). O índice, que se situa historicamente em patamar mais baixo em relação ao IPC-S, fechou o mês em 0,30%, segundo divulgado ontem pela Fundação Instituto de Pesquisas Econômicas, Administrativas e Contábeis de Minas Gerais (Fundação Ipead) da UFMG. Novamente, os alimentos não industrializados foram os principais responsáveis pela alta, com destaque para a cenoura (26,40%) e o arroz (3,64%), além do mesmo mamão papaia (85,54%).

Wanderley Ramalho, diretor da Fundação Ipead, considera que a elevação da inflação em BH não chega a preocupar, já que o índice apresentou queda de 0,36% em junho e de 0,18% em maio. "Não se pode dizer que os preços estão em alta, mas sim que pararam de cair", afirma. Segundo a projeção da Fundação Ipead, feita com base no acumulado até agora (2,35%) e no comportamento do indicador no ano passado, a previsão é de que a inflação em BH atinja 4,27% em 2006, ficando abaixo da meta de 4,5% estabelecida pelo Banco Central.

EFEITO SACOLÃO

INFLAÇÃO MEDIDA PELO IPC-S (EM %)	
Belo Horizonte	0,6
Brasília	0,44
São Paulo	0,07
Brasil	0,06
Porto Alegre	0,05
Rio de Janeiro	- 0,02
Recife	- 0,14
Salvador	- 0,18

Fonte: Fundação Getúlio Vargas

VARIAÇÃO EM BH PELO IPCA (EM %)	
IPCA BH	0,3
Maiores altas	
Mamão	85,54
Cenoura	26,4
Plano de saúde	3,67
Arroz	3,64
Lanche	3,17
Maiores baixas	
Tomate	11,34
Batata inglesa	8,41
Frango	6,41
Feijão carioquinha	4,68
Automóvel novo	0,63

Fonte: Fundação Ipead/UFMG

Ações como o combate à leishmaniose em Belo Horizonte são feitas por funcionários da prefeitura, que não têm equipamentos de proteção individual para aplicar inseticidas

Saúde de agentes sob ameaça

Servidores da PBH denunciam que fazem o controle de zoonoses sem equipamento adequado e sem acompanhamento médico periódico

Pedestre sofre com obra na Antônio Carlos

Para veículos, foram criados desvios no próprio trecho, mas quem está a pé tem de se arriscar entre tratores e automóveis

DRT flagra 24 homens em regime escravo

Vindos do Ceará, trabalhadores colhiam café em fazenda no município de Campos Altos, em Minas

SÍLVIO BARBOSA

Cento e dezoito anos após a assinatura da Lei Áurea, o Brasil ainda convive com situações similares à exploração de mão-de-obra escrava. Ontem 24 trabalhadores foram encontrados em uma fazenda em Campos Altos, no Alto Paranaíba, vivendo em regime de escravidão. A informação foi divulgada pela Delegacia Regional do Trabalho de Minas Gerais (DRT/MG), após um dia de operações no município. Até a noite, ninguém havia sido preso. Outras quatro fazendas da região estão sob investigação da DRT/MG.

Segundo o coordenador da operação, o fiscal do trabalho Carlos Paixão, todos os funcionários encontrados são do Ceará. Eles estariam no local desde o início de maio e teriam sido aliciados por um encarregado da fazenda para fazer a colheita do café. De acordo com a DRT, dormiam sob lonas de bananeira, amontoados em um cômodo de 10 metros quadrados e sem instalações sanitárias. Não recebiam água potável e eram obrigados a comprar alimento do proprietário.

"Outras irregularidades, como a falta de registro de trabalho e exames médicos para admissão, dívidas dos catadores de café e falta de equipamentos de segurança, também foram constatadas", disse Paixão. Segundo o fiscal, apenas os funcionários fixos tinham sido registrados por uma questão de estratégia.

Dez auditores fiscais, três motoristas, três agentes da Polícia Federal, três agentes da Polícia do Meio Ambiente e dois da Polícia Militar foram mobilizados para a operação. No entanto, a equipe teve que ser subdividida na tarde de ontem. A suspeita era que outras fazendas da região mantinham trabalhadores na mesma situação.

Outras irregularidades

Segundo Paixão, nas outras quatro fazendas, foram vistas dezenas de irregularidades. "Tudo isso já caracteriza crime. Nosso trabalho é averiguar e retirar os trabalhadores. Estamos aguardando a presença do Ministério Público (MP), que tomará as providências civis e criminais", explicou.

Conforme o fiscal, os trabalhadores seriam retirados ainda ontem da fazenda e hospedados em um hotel. Hoje pela manhã, a DRT teria uma audiência no Fórum de Luz para exigir do proprietário os direitos dos trabalhadores como o seguro-desemprego, Fundo de Garantia por Tempo de Trabalho (FGTS) e o repasse do Instituto Nacional de Seguridade Social (INSS). O pagamento deverá ser feito na frente dos auditores. Caso não seja feito, o MP deverá solicitar a prisão ou o indiciamento dos responsáveis, até que eles levantem os recursos para quitar as dívidas com os catadores de café. Aos 24 trabalhadores também será assegurada a passagem de retorno para as suas cidades de origem.

Investigação de crime em Unaí, onde houve denúncia de trabalho escravo

Fazendeiro de Santa Fé de Minas está preso desde maio

O fazendeiro mineiro Joaquim Cândido Alves Moreira, acusado de manter trabalhadores rurais como escravos nas fazendas Riacho do Fogo e Três Riachos, na zona rural de Santa Fé de Minas, no Norte de Minas, foi preso em maio deste ano.

Após a prisão, o fazendeiro entrou com pedido de habeas-corpus no Superior Tribunal de Justiça (STJ), mas a liminar foi negada pelo ministro Barros Monteiro. Joaquim Gameleira, como é conhecido, é filho do atual prefeito de Buritizeiro. Ao ser preso, ocupava o cargo de chefe de gabinete da prefeitura.

No entanto, foi a chacina de Unaí a tragédia que mais marcou as operações realizadas pela Delegacia Regional do Trabalho (DRT) no Estado. Em janeiro de 2004, quatro auditores fiscais da DRT foram assassinados quando fiscalizavam denúncias de trabalho degradante em fazendas de plantação de feijão da região.

Dos 11 envolvidos no crime, apenas nove estão presos. Entre eles, está o fazendeiro Norberto Mânica, proprietário da fazenda, acusado de ser um dos mandantes da chacina. (LB)

Lista suja tem 2 empregadores de MG

O Ministério do Trabalho e Emprego (MTE) atualizou ontem a "lista suja", onde apresenta os nomes de empregadores flagrados explorando mão-de-obra escrava em propriedades rurais do país. Dos 178 infratores que compõem o documento, dois são de Minas: Reginaldo Freire Leite, da fazenda Boa Vista, em Claravial, e Joaquim Cândido Alves Moreira, da fazenda Riacho do Fogo e Três Riachos, de Santa Fé de Minas. Outros 26 novos nomes foram incluídos e, por decisão judicial, 30 empregadores foram retirados provisoriamente da relação.

De acordo com a Comissão Pastoral da Terra (CPT), existem hoje no Brasil 25 mil pessoas submetidas às condições análogas ao trabalho escravo. Para tentar reverter a situação, foi criado em 2002, com o apoio do Ministério do Trabalho, o Plano Nacional para Erradicação do Trabalho Escravo. O documento foi elaborado pela Comissão Especial do Conselho de Defesa dos Direitos da Pessoa Humana (CDDPH), e apresenta várias medidas a serem cumpridas pelos diversos órgãos do Executivo, Legislativo, Judiciário e entidades da sociedade civil na tentativa de reprimir o trabalho escravo.

De acordo com o MTE, entre as ações do plano estão as melhorias na estrutura administrativa do grupo de fiscalização móvel, de ação policial, do Ministério Público Federal e do Ministério Público do Trabalho, a promoção da cidadania, o combate à impunidade, conscientização, capacitação e sensibilização e alterações legislativas. (LB)

Hipertextualidade como condição cognitiva

Maria Aparecida Araújo e Silva

As novas tecnologias da informação e de comunicação provocaram, e ainda o fazem, inúmeras mudanças em todos os setores da sociedade. A informática, cada vez mais, está presente nas atividades sociais, inclusive na educação.

O computador e a Internet, como novos suportes da escrita, possibilitaram o surgimento de novos textos, como o *chat*, o *blog*, o *e-mail* e o hipertexto. Esses, por sua vez, nos fazem repensar as nossas concepções de texto, de leitura e de produção de texto. São novos espaços da escrita que carecem ainda de estudo, para que possamos saber se existem diferentes estratégias e regras daquelas com que contamos na leitura de textos contínuos,[1] que precisarão ser desenvolvidas e deverão ser levadas em conta quando de sua leitura e de sua produção.

Entendemos o hipertexto sob duas diferentes perspectivas: a primeira vê o hipertexto como um formato textual que possibilita o estabelecimento de uma rede de relações por meio de inúmeras conexões entre os blocos de texto. Em outras palavras, o hipertexto

> [...] é um conjunto de nós ligados por conexões. Os nós podem ser palavras, páginas, imagens, gráficos, sequências sonoras, documentos complexos que podem eles mesmos ser hipertextos. Os itens de informação não são ligados linearmente, como em uma corda com nós, mas cada um deles, ou a sua maioria, estende suas conexões em estrela, de modo reticular (LÉVY, 1993, p. 33).

A segunda entende o hipertexto, ou a hipertextualidade, como condição enunciativa e cognitiva da produção de conhecimento. É nessa segunda

---

[1] Chamaremos de contínuos os textos tidos como lineares, ou seja, os textos em que as palavras se apresentam no papel uma após a outra.

perspectiva que se baseou a nossa hipótese de trabalho: a de que não há razões para acreditar que a leitura de um texto contínuo seja diferente da leitura de um hipertexto. Somos guiados pela suposição de que toda leitura é hipertextual, ou seja, para produzir significado, lidamos com uma série de operações mentais, entre elas analogias, produção de inferências,[2] produção de metáforas, estabelecendo uma série de relações entre os elementos linguísticos dispostos no texto e os nossos conhecimentos prévios, sejam eles culturais, linguísticos ou ideológicos.

O formato hipertextual interfere na compreensão do texto, ou seja, ler um texto com *links* estruturalmente marcados na superfície é diferente de ler um texto contínuo? Com o objetivo de verificar se o formato hipertextual interfere no processamento da leitura, foram elaborados experimentos com diversos gêneros textuais: uma charge, uma pintura, uma propaganda, uma crônica e um gráfico. De cada um dos gêneros, foram construídas duas versões. Uma versão contínua ou "linear", em que o texto base era seguido de um texto explicativo, em que as informações foram apresentadas uma após a outra, em uma sequência predeterminada. E uma versão hipertextual, em que o texto explicativo foi transformado em *links*, criados a partir do texto base.

Sobre o hipertexto

O termo *hipertexto* foi proposto em 1964, por Theodor Nelson, no contexto da informática, para designar uma escrita não sequencial e não linear. Nessa perspectiva, "escritores e leitores de hipertexto dependem de um esquema organizacional baseado no computador que lhes permita moverem-se, rápida e facilmente, de uma seção de texto [...] para outras seções relacionadas ao texto" (JOHNSON-EILOLA *apud* MARCUSCHI, 2001, p. 83). De maneira geral, ao analisarmos os conceitos de hipertexto defendidos por alguns deles, vemos, como ponto pacífico, a inserção do contexto da informática na sua definição.

Para Coscarelli (2002), "o hipertexto digital é um documento composto por nós conectados por vários *links*. Os nós são unidades de informação, como textos verbais ou imagens, por exemplo, e os *links* são conexões entre esses nós".

Lévy, por sua vez, define o hipertexto como:

> [...] um conjunto de nós ligados por conexões. Os nós podem ser palavras, páginas, imagens, gráficos, sequências sonoras, documentos

---

[2] Compartilhamos com Dell'Isola (2001, p. 44) do conceito de inferências: "Inferência é um processo cognitivo que gera uma informação semântica nova, a partir de uma informação semântica anterior, em um determinado contexto".

complexos que podem eles mesmos ser hipertextos. Os itens de informação não são ligados linearmente, como em uma corda com nós, mas cada um deles, ou a sua maioria, estende suas conexões em estrela, de modo reticular (LÉVY, 1993, p. 33).

Conforme Snyder,

> [...] hipertexto é um médium de informações que existem apenas *on line*, num computador. É uma estrutura composta de blocos de texto conectados por nexos (*links*) eletrônicos que oferecem diferentes caminhos para os usuários. O hipertexto providencia um meio de arranjar a informação de maneira não linear, tendo o computador como automatizador das ligações de uma peça de informação com outra. (SNYDER *apud* KOCH, 2005).

Pensamento semelhante apresenta Xavier (2002, p. 26), quando considera hipertexto

> [...] apenas os dispositivos "textuais" digitais multimodais e semiolinguísticos (dotados de elementos verbais, imagéticos e sonoros) que estejam *on-line*, isto é, os que estejam indexados à Internet, reticuladamente interligados entre si e que possuam um domínio URL ou endereço eletrônico, na World Wide Web.

Nossa posição, por seu turno, não restringe o hipertexto ao suporte eletrônico, considera-o todos os textos impressos e tidos como lineares e, principalmente, considera como hipertextual toda construção de sentido. Ou seja, para que o(s) sentido(s) de um texto seja(m) construído(s), o leitor realiza movimentos em várias direções, realizando inferências, estabelecendo relações entre as informações textuais e as extratextuais.

DA HIPERTEXTUALIDADE COMO CONDIÇÃO COGNITIVA

Apesar de o termo hipertexto estar intimamente ligado ao contexto das novas tecnologias, a ideia de hipertexto já havia sido defendida por Vannevar Bush, em 1945, antes do advento da informática. Além de pensar no hipertexto como uma rede de relações e de informações interconectadas, defendeu que a cognição humana não funciona de maneira linear, e sim por meio de associações:

> A mente humana [...] opera por associações. Com um item em mãos, ela pula instantaneamente para o próximo que é sugerido pela associação de pensamentos, de acordo com uma intricada rede de possibilidades oferecida pelas células do cérebro. Ela tem outras características, é claro; as trilhas que não são frequentemente seguidas estão fadadas a desaparecer, os itens não são completamente

permanentes, a memória é transitória. Além disso, a velocidade da ação, a complexidade das trilhas, os detalhes das imagens mentais, são mais inspiradores que tudo mais na natureza (BUSH, 1945).

Lévy (1993, p. 23) utilizou a palavra hipertexto como metáfora do processo de produção do conhecimento: "Quando ouço uma palavra, isso ativa imediatamente em minha mente uma rede de outras palavras, de conceitos, de modelos, mas também de imagens, sons, odores, sensações proprioperceptivas, lembranças, afetos, etc.".

Nesse sentido, encarar o hipertexto como um artefato computacional, como uma escrita não linearizada e organizada através de *links*, atrelados, dessa forma, a uma visão essencialmente tecnológica, seria uma visão extremamente redutora. Preferimos pensar no hipertexto, ou melhor, na hipertextualidade, como uma característica ou condição *sine qua non* da enunciação e da cognição humanas.

Nós somos seres constituídos na/pela diversidade. "Com isto, o hipertexto seria, sobretudo, uma forma de se entender os modos de tessitura de sentidos e organização de nosso dizer. Não somos lineares por natureza, não somos uma sequência de racionalidade nem somos explicitude" (MARCUSCHI, 2005b).

No processo de compreensão de textos, por exemplo, lidamos com uma série de dimensões, lexicais, sintáticas, semânticas, pragmáticas que, por sua vez, se relacionam com elementos não verbais que, juntos, nos fazem ativar conhecimentos e experiências anteriores, atrelados às nossas expectativas e objetivos de leitura no momento. Assim se dá o processo de construção de sentido. As coisas acontecem em uma rede hipertextual. Dessa forma, poderíamos dizer que uma palavra, uma sensação, uma imagem, ou o próprio *link* marcado funcionariam apenas como estímulos, que seriam os *links* visíveis de um artefato cognitivo que é, em sua essência, hipertextual.

O caráter hipertextual da cognição encontra respaldo na teoria dos *frames*, proposta por Fillmore (1982), a qual sustenta que o processo de construção de sentido envolve sistemas de conceitos relacionados que são ativados em determinados contextos e situações; na abordagem conexionista (RUMELHART; MCCLELLAND, 1986), que defende o processamento cognitivo distribuído em paralelo, no qual as unidades de processamento funcionam como dispositivos, que recebem estímulos, conduzem e transformam informações dentro de uma rede de conexões (GONÇALVES, 2003); e na Teoria dos Espaços Mentais e da Mesclagem, postulada por Fauconnier (1994; 1996) e, posteriormente, por Fauconnier e Turner (2002), que procura mostrar como o nosso pensamento opera com *frames* e *blendings* (mesclas), através da construção e da integração de espaços mentais, propondo-se a esclarecer como a construção do sentido acontece na integração de informações que, por sua vez, acaba por fazer emergir muitos outros sentidos possíveis.

Teoria dos Espaços Mentais e da Mesclagem

A Teoria dos Espaços Mentais (FAUCONNIER, 1994; 1996; 1997) procura descrever os mecanismos que atuam no processo de significação humana e as operações cognitivas com base na experiência de linguagem em uso e defende que o processo de significação se dá a partir da criação, da articulação e da integração de espaços mentais.

Os espaços mentais, apesar de serem constructos teóricos extremamente dinâmicos e instáveis,[3] estão ligados a conhecimentos estáveis, como é o caso dos *frames*, por exemplo, que organizam e estruturam os espaços mentais.

A ideia defendida de que a hipertextualidade é uma propriedade cognitiva está estreitamente relacionada à operação nomeada por Fauconnier e Turner (2002) de integração conceitual ou mesclagem, "[...] uma operação cognitiva em que a estrutura de dois[4] *inputs* mentais é projetada num terceiro espaço. Essa projeção é feita com base nas semelhanças entre os espaços que possibilita a projeção e o estabelecimento de relações entre os elementos de cada um deles" (COSCARELLI, 2009, p. 189).

O resultado dessa mescla é o desenvolvimento de estruturas emergentes, que não estão presentes nos espaços *inputs* e que só são possíveis de existir através da mescla. Nesse espaço, eventos complexos podem ser manipulados de forma simples e integrada.

O significado emergente, produzido a partir do processo de integração, pode comprimir uma série de relações vitais, que também são constitutivas dos espaços *inputs*. São exemplos de relações vitais postuladas por Fauconnier e Turner (2002): tempo, espaço, causa-efeito, identidade, mudança, analogia.

Os informantes e as tarefas

Quinze informantes, cujas idades variam de 17 a 19 anos, forneceram os dados coletados para a pesquisa relatada neste artigo. Desse total, oito eram alunos da 3ª série do ensino médio de uma escola particular de Belo Horizonte, e sete, do 1º período do curso de Comunicação Social da Universidade Federal de Minas Gerais.

Motivou a escolha dos informantes, em primeiro lugar, o nível educacional: uma parte já havia concluído o ensino básico obrigatório e a outra

---

[3] Os espaços mentais são construídos dinamicamente na memória de trabalho, mas um espaço mental pode tornar-se entrincheirado na memória de longo prazo. Como exemplo, os *frames* são espaços mentais entrincheirados que nós podemos ativar de uma só vez. (FAUCONNIER, [s.d.]. Disponível em: <www.mentalspace.net>. Acesso em: 20 fev. 2012)

[4] Com pelo menos dois espaços *inputs*, uma vez que é possível a construção de um espaço integrado formado por sucessivas mesclas.

estava por concluí-lo, o que hipoteticamente torna esses sujeitos proficientes na leitura dos diversos gêneros que circulam em nossa sociedade. Outro fator que motivou essa escolha foi o fato de esses leitores possuírem familiaridade com o computador, suporte em que os textos estavam inseridos.

Cada informante leu dois textos de dois diferentes gêneros na tela do computador:[5] um texto na versão hipertextual e outro na versão contínua. Depois da leitura de cada um dos textos, os informantes responderam às perguntas propostas. Os informantes liam as questões e digitavam suas respostas, salvando os arquivos ao final da produção da resposta.

A CRÔNICA

A crônica escolhida foi "Os perigos da floresta e outros perigos", de Moacyr Scliar, publicada no jornal *Folha de S.Paulo*, do dia 5 de maio de 2003. Ela dialoga com outra reportagem publicada também nesse jornal, cinco dias antes, com o título "Fundo cobra nova rodada de reformas e diz que Brasil 'ainda tem problemas para resolver'". Essa matéria relata a cobrança, feita pelo diretor gerente do FMI, à época, Horst Köhler, por novas rodadas de reformas nos países da América Latina. Um pequeno comentário dessa matéria foi veiculado junto à crônica no dia de sua publicação, para que o leitor compreenda a relação que existe entre elas. Esse comentário foi inserido no texto contínuo e nos *links* elaborados para as duas versões: hipertextual e contínua.

Esse material foi escolhido por possuir relações que podem ser consideradas hipertextuais, por exemplo, os dois textos (a crônica e o comentário sobre a matéria) são apresentados sem que haja uma articulação explícita entre os dois. Outro motivo é o fato de que, durante a leitura, neste caso da crônica, é necessário que o leitor faça conexões (*links*) entre esses textos para que possa atingir um nível esperado de interpretação.

A seguir reproduzimos a crônica:

Os perigos da floresta e outros perigos
Moacyr Scliar

Lulinha colocou no cestinho o pacote de reformas que tinha de levar para a casa da vovó e se preparou para a difícil tarefa: a velhinha morava longe, e o caminho, deserto, passava pela floresta. Sombria floresta, onde muitos lobos maus vagavam, esfomeados. Dessa floresta teria de sair o quanto antes, para não correr perigos. Assim, adotou precauções: para não chamar a atenção, resolveu não levar o chapeuzinho vermelho que usara no passado. Abriu a porta, respirou fundo e começou a jornada. Assustadora: de trás das enormes árvores, olhos espiavam-no. Mas Lulinha, corajosamente, avançava e ia até cantando baixinho: "Pela estrada afora, eu vou bem sozinho...".

---

[5] Salientamos que, para esta pesquisa, foram considerados os experimentos realizados somente com o gênero *crônica*. Análises dos outros gêneros podem ser vistas nos artigos de Coscarelli e de Cafiero neste livro.

> Finalmente chegou à casa da vovó, e aí respirou, aliviado: pelo jeito, o pior tinha ficado para trás. Entrou e foi logo anunciando:
>
> – Vovó, vovó, eu trouxe as reformas!
>
> A velhinha nada disse. Continuou deitada na cama, imóvel. Detalhe intrigante: estava usando uma touca meio estranha, coisa que para Lulinha era desconhecida. Ele continuou explicando que as reformas fariam bem a todo o país e que, portanto, a vovó delas também se beneficiaria. A velha, nada. Nem se mexia. Inquieto, ele se aproximou. A vovó parecia mudada, constatou, surpreso e assustado. Os olhos, grandes, brilhavam como faróis. Uma suspeita se apoderou de Lulinha: seria mesmo a sua vovó? Ele sabia que o Lobo Mau, depois de jantar as vovós, costumava introduzir-se disfarçado na cama delas, na esperança de pegar netinhas e netinhos para a sobremesa.
>
> – Vovó – perguntou, cautelosamente – a senhora por acaso não é o Lobo Mau, é? Aquele Lobo Mau que pega as criancinhas para fazer mingau?
>
> Não – gritou a velha, saltando da cama – não sou o Lobo Mau. Sou até pior que o Lobo Mau. Eu sou a Vovó Radical! Enquanto esperava essas suas reformas, transformei-me por completo. E agora não quero mais nada com você! Saia daqui!
>
> Sem outro remédio, Lulinha teve de deixar a casa. E viu-se de novo no meio da floresta. Mas que fazer? Entre lobos vorazes, capazes de devorar tudo a seu redor, e vovós radicais com seus brados de luta, ele teria de prosseguir seu caminho, por mais arriscado que fosse. Respirou fundo e foi em frente. A floresta é um lugar perigoso – mas onde não existem perigos?

Usando a teoria dos espaços mentais, podemos explicar que, na compreensão dessa crônica, o leitor precisa ativar pelo menos dois diferentes espaços mentais que, juntos, geram um terceiro em que esses dois são mesclados.

Na crônica, um dos espaços é construído pelos elementos do conto infantil "Chapeuzinho Vermelho": *Chapeuzinho Vermelho, Lobo Mau, Vovó, Floresta, casa da Vovó cestinha de doces*. O outro é construído pelos elementos do governo do Presidente Lula: *Lula, Senadores da oposição, ala radical do PT, reformas, Senado Federal*. O terceiro será gerado pelos mapeamentos e projeções feitos entre esses dois espaços.

O espaço genérico fornece uma estrutura mais geral, comum aos dois espaços *inputs*. Nessa rede, o espaço genérico conteria os elementos de uma narrativa: *personagens, espaço, enredo, tempo*, que seriam projetados aos dois espaços de entrada.

A projeção dos elementos dos espaços *inputs* para o espaço da mescla é seletiva, ou seja, nem todos os elementos dos espaços *inputs* estão presentes no espaço mesclado. Temos, no espaço da ficção, a presença da figura do *caçador*, que não é projetada nessa integração.

O espaço integrado, ou espaço da mescla, fornece-nos uma estrutura emergente, impossível de ser vista nos espaços *inputs* em separado. Temos aqui a personagem *Lulinha*, que retoma características do espaço da realidade: *Lula/*

Presidente e também do conto infantil: *neta que vai visitar a avó*. Interessante notar que temos aqui um novo significante (*Lulinha*) que mescla elementos dos dois espaços. O mesmo acontece com a personagem *Vovó Radical*, que mescla o elemento *Vovó* do espaço da ficção com a *ala radical do PT*, elemento pertencente ao espaço da realidade. O objetivo da história, ou do passeio até a casa da Vovó, também, no espaço mesclado, ganha um novo significante, que mescla elementos dos dois espaços: *levar o pacote de reformas para a Vovó*. Nas demais projeções, houve uma manutenção dos significantes do espaço da ficção, entretanto, a construção do significado só é possível se levarmos para a mescla também elementos do espaço da realidade. Temos, por exemplo, o significante *Lobo* no espaço mesclado, que traz condensado um elemento da realidade, que seriam os *deputados da oposição*.

Outras inferências e relações podem ser produzidas a partir dessa integração. Podemos pensar, por exemplo, no significado de *Vovó*. A figura da *Vovó* permite-nos pensar em uma pessoa boa, calma, que, geralmente, aceita que "os netinhos" façam tudo em sua casa. O que temos, nessa mescla, é uma vovó impiedosa e radical (complemento que ela ganha inclusive no nome), que expulsa o seu netinho de casa, contrariando as expectativas (ou os *frames*) que temos em mente.

A seguir, é apresentada a ilustração da rede conceitual integrada da crônica:

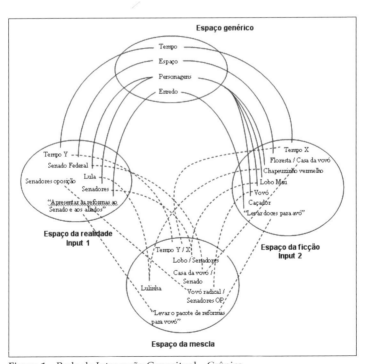

Figura 1 – Rede de Integração Conceitual – Crônica

É possível destacar algumas relações vitais[6] responsáveis pela conexão entre os espaços inputs dessa rede de integração conceitual, tais como tempo, espaço, identidade, analogia e mudança. No espaço integrado, portanto, temos a compressão de algumas dessas relações vitais. Há uma fusão dos tempos no espaço mesclado, em que podemos recuperar o Tempo X dos contos infantis, atuando juntamente com o Tempo Y político presente. Da mesma forma, temos uma compressão de espaços que inclui o Senado Federal e a casa da Vovó. A relação vital de mudança também se faz fortemente presente no espaço mesclado. Nele, temos Lulinha, resultado da compressão de relações vitais de identidade de Lula e Chapeuzinho Vermelho.

Foram elaboradas duas versões do gênero em questão, uma hipertextual e outra contínua ou linear.

A crônica, junto com o resumo da matéria e alguns comentários analíticos feitos por nós, foi transportada para uma estrutura hipertextual na qual os leitores tinham *links* em certas palavras do texto que levavam a explicações pertinentes àquela passagem. Esses mesmos *links* estavam presentes também em um menu, na parte superior do texto. Na versão contínua, que foi apresentada ao outro grupo, os mesmos comentários e o resumo da matéria, presentes na forma hipertextual, foram articulados de forma a constituir um texto que foi apresentado abaixo da crônica.

As perguntas

A compreensão da crônica foi verificada por meio de perguntas que visavam medir algumas habilidades de leitura contempladas pelo Programa Internacional de Avaliação de Estudantes (Pisa), exame internacional que busca verificar as habilidades de leitura de alunos de 15 anos em diversos países, e pelo Sistema de Avaliação da Educação Básica (Saeb – que visa verificar habilidades de leitura de alunos brasileiros no ensino fundamental e médio) e podem ser resumidas nas seguintes categorias:

Compreensão global – habilidade verificada por meio de uma questão que pedia ao leitor para apresentar o texto para alguém que não o conhecia.

Localização de informação – ou seja, encontrar uma informação apresentada explicitamente no texto;

Produção de inferência – habilidade avaliada por meio da capacidade dos sujeitos de produzirem informações que não foram apresentadas

---

[6] São constitutivas da estrutura interna dos espaços *inputs* e também podem ser comprimidas no espaço mesclado.

explicitamente no texto, mas que podem e/ou devem ser geradas a partir dele, como inferências causais,[7] relacionais, entre outras.

Manifestação de opinião – Os sujeitos deveriam manifestar sua opinião sobre alguma questão ou elemento do texto.

As perguntas usadas para verificar cada uma dessas habilidades na leitura da crônica foram:

Quadro 1 – Verificação de habilidades de leitura

Pergunta	Habilidade
Como você contaria essa crônica a alguém que não a leu?	Compreensão Global
Qual a crítica que Scliar faz ao governo Lula?	Inferencial
Quais são as reformas que Lulinha leva à Vovó?	Informação Explícita
Quem é a Vovó Radical? Qual a sua relação com Lulinha?	Localização/Inferencial
Por que o chapeuzinho vermelho que Lulinha usou no passado chama a atenção?	Inferencial Causal
Em um trecho da paródia, Lulinha canta "Pela estrada afora eu vou bem sozinho...". Qual a relação desta música com a crítica que Scliar faz ao governo Lula?	Inferencial Relacional
O que você acha da atitude da Vovó Radical?	Opinativa

Os dados

Primeiramente, foi feita uma análise quantitativa dos dados, na qual as respostas de cada informante foram classificadas em três categorias: "adequada", "não adequada" e "sem resposta". As respostas foram classificadas de acordo com uma grade de respostas previstas (Anexo 1). Em seguida, foi feita uma análise qualitativa, em que todas as respostas foram analisadas e agrupadas por similaridade em categorias. Essa etapa foi amparada pela Teoria da Mesclagem (FAUCONNIER; TURNER, 2002). O tópico seguinte apresenta parte da análise qualitativa realizada na pesquisa.

Análise dos resultados[8]

A questão 1 – *Como você contaria essa crônica a alguém que não a leu?* – buscou avaliar a compreensão global do texto. Esperava-se como resposta

---

[7] Chamamos de *inferências causais* a capacidade dos sujeitos de deduzir a causa de alguma informação apresentada no texto e de *inferência relacional* a habilidade de relacionar dois elementos ou duas partes distintas do texto.

[8] São apresentadas análises de apenas alguns exemplos de respostas consideradas adequadas e inadequadas na análise quantitativa.

uma paráfrase, um resumo do texto lido. Era também esperado que os sujeitos explicassem a crônica, detalhando-a ou explicitando as estratégias utilizadas pelo autor na sua produção. Vejamos a resposta a seguir:

> **Suj.7H:** Lulinha era um garotinho muito esperto e corajoso. Um dia sua mãe lhe pediu para que ele levasse um cesto com reformas para sua vovó, que morava em um lugar distante. Para chegar até a casa de sua avó, Lulinha precisava percorrer um caminho perigoso, cheio de lobos maus. Mesmo assim ele se encheu de coragem e decidiu enfrentar o desafio e assim ele foi, cantando pelo caminho. Quando chegou na casa de sua avó, Lulinha a encontrou deitada e imóvel na cama. Inicialmente, ele pensou que aquela figura estirada sobre a cama poderia ser um lobo mau disfarçado. Ele começou, então, a conversar com aquele ser imóvel, tentando reconhecer ou não sua avó. Disse que as reformas eram boas para o país e, portanto, benéficas para ela também. Nesse momento, ao ver os olhos brilhantes da avó (que não era lobo mau), Lulinha se surpreendeu: a avó pediu para que ele fosse embora, porque ela estava mudada. Ela era, agora, uma vovó radical. E assim Lulinha se foi, decepcionado. Novamente ele teria que enfrentar os perigos do caminho pela floresta. Ele concluiu que nenhum lugar é seguro (nem a casa da vovó) e que gente perigosa e esquisita pode ser encontrada em toda parte.

A resposta do sujeito 7, além de trazer um resumo da história, traz alguns elementos que revelam dados sobre a compreensão do leitor. Já na primeira linha, aparece a expressão "Lulinha era um garotinho muito esperto e corajoso", ausente na versão original. O leitor foi coerente ao incorporar uma nomenclatura comum aos contos infantis e deixa transparecer a sua crença e ideologia política. O texto de Scliar não diz, pelo menos de forma explícita, que Lulinha era esperto. O adjetivo corajoso pode ser justificado, porém, a partir do advérbio "corajosamente" usado pelo autor. Na última linha, o leitor também acrescenta a seguinte expressão: "gente perigosa e esquisita". Aqui, o leitor, diferente do autor, que usa a palavra "perigos" de forma geral, sem se referir a algo ou alguém especificamente, usa-o como adjetivo e ainda acrescenta outro: "esquisita" para o referente, aqui pouco determinado, "gente". Vemos que esse leitor, de forma sutil, deixa suas impressões pessoais no reconto, o que pode traduzir talvez a sua própria ideologia.

Além de fornecer indícios textuais que revelam a postura e crença do leitor, temos em sua resposta uma projeção não estabelecida na versão original da crônica, mas que é possibilitada pelo espaço *input d*a ficção (conto do Chapeuzinho Vermelho). A expressão usada no início do texto: "Um dia sua mãe lhe pediu para que ele levasse um cesto" foi projetada a partir do *frame* que, certamente, esse leitor acionou da versão de Chapeuzinho Vermelho. Outro *frame* acionado por esse leitor é evidenciado na última linha, quando ele diz: "nenhum lugar é seguro (nem a casa da vovó)". Aqui se invoca a ideia de que a vovó é boa e cuida e protege como ninguém os seus netinhos.

Consideramos a resposta do sujeito 3, a seguir, como inadequada, uma vez que a generalização feita por ele excede em muito os dados do texto. O leitor recupera o contexto ou a cena política, que serviu de pano de fundo ou de base para o desenrolar dos fatos que são narrados na crônica. Aqui, o leitor ignora fatos e ideias importantes. O leitor não menciona os elementos mesclados, nem faz referência a nenhum dos espaços *inputs* presentes na rede de integração conceitual da crônica.

> **Suj.3H**: Diria que é uma crônica que relata à chegada de Lula à presidência do Brasil.

Outra categoria de respostas, como a do sujeito 12, a seguir, resume a crônica, explicando os recursos utilizados pelo autor em sua construção.

> **Suj.12C**: É uma crônica ao governo atual, que utiliza o recurso da paródia. Lula ocupa o lugar de "chapeuzinho vermelho" e percorre a floresta, chegando à casa da "vovó". No caminho sente medo e ao chegar encontra sua vovó que está diferente, se parecendo com o lobo, mas se revela uma "vovó radical". Esta crônica é fundamentada em metáforas: o chapeuzinho vermelho representa o PT; a floresta representa a oposição; a vovó representa a ex-ala radical do PT. E o tema principal são as reformas do governo.

Nessa categoria, podemos perceber, com clareza, os movimentos cognitivos que, possivelmente, foram realizados por todos os sujeitos. As respostas dessa categoria revelam os mapeamentos vitais entre os elementos do espaço da ficção e os elementos do espaço da realidade. As relações vitais, como as de analogia, relacionando Lula a Chapeuzinho Vermelho, os lobos aos senadores da oposição, a Vovó Radical à ala radical do PT, e as de lugar, em que a casa da Vovó representaria o Senado Federal, são explicitadas nas respostas

Na questão 2: *Qual a crítica que Scliar faz ao governo Lula?*, relativa à habilidade de se produzir inferências, esperávamos que os leitores relacionassem o propósito do autor ao modo como a história se desenrolou, ou seja, esperávamos que os informantes relacionassem a ruptura no enredo da história tradicional de Chapeuzinho Vermelho com a crítica do autor. Na crônica, a Vovó não é boazinha com o seu netinho. Ela o desampara, expulsando-o da própria casa. Dessa forma, Scliar critica a divisão do PT nas tomadas de decisão governamentais, mais especificamente, critica a falta de apoio por parte dos aliados às reformas propostas pelo presidente.

As respostas dos sujeitos 4 e 6, a seguir, foram consideradas satisfatórias, uma vez que eles conseguiram inferir a crítica sugerida pelo autor através da metáfora de Chapeuzinho Vermelho. Os mapeamentos e as projeções feitos por esses dois leitores foram aqueles previstos em nossa grade de resposta, ou seja, os leitores conseguiram mapear, do espaço da ficção, o fato de a *Vovó* expulsar *Chapeuzinho Vermelho*, ao fato de a *Ala Radical do PT* não ter apoiado *Lula* em suas reformas, elemento contido no espaço *input* da realidade.

> **Suj.4H**: Lula não está tendo o apoio de nenhum partido. Está tendo que trabalhar sozinho. E todos eles criticam seu governo ao invés de ajudarem a mudar o que não está bom.
>
> **Suj.6H**: Scliar critica a falta de governabilidade a qual o governo de Lula se deparou quando os próprios companheiros de partido não aprovavam as medidas que o Presidente julgava necessárias e as dificuldades de se levar medidas até o Senado brasileiro.

Scliar deixa marcas no texto que evidenciam a sua crítica em direção, principalmente, dos aliados que não apoiaram o presidente no seu plano de reformas. O fato de Lulinha ter sido expulso da casa da Vovó é a maior marca da posição do autor do texto. Outros elementos também servem como espécies de ativadores de um espaço em que Lula seria, digamos, vítima, e não vilão da história. Apresentar os senadores da oposição como lobos maus, dizer que a floresta é perigosa, usar o advérbio "corajosamente" na passagem: "Mas Lulinha, corajosamente, avançava e ia até cantando baixinho: 'Pela estrada afora, eu vou bem sozinho...'", entre outras marcas, também seriam estratégias do autor para marcar a sua posição.

Esses elementos funcionariam como espécies de *âncoras materiais,* "estímulos que nos obrigam a construção de espaços nos quais serão alocados elementos a eles relacionados. Esses elementos também se relacionam entre si" (MILITÃO, 2007, p. 99). Na crônica, algumas palavras ou expressões, dessa forma, podem funcionar como ativadores de espaço, como espécies de indicadores, para os leitores, dos espaços ou sentidos que o autor pretende que sejam ativados ou construídos.

As respostas dos sujeitos 4H e 6H, apresentadas anteriormente, evidenciam a ativação do espaço pretendido pelo autor. Espaço em que Lula aparece como vítima da história. A divisão do PT não é, pelo menos aparentemente, atribuída ao presidente, e sim aos antigos aliados, que se mostraram radicais.

Essas respostas mostram, ainda, compressão, em que lobos maus (oposição) e Vovó Radical (ala radical do PT) aparecem mesclados como os responsáveis pela falta de apoio de Lula.

A resposta do sujeito 1H, entretanto, foi considerada insatisfatória e exemplifica as demais respostas dessa categoria. Vejamos:

> **Suj.1H:** O autor da crônica, ao dizer que Lulinha resolveu "não levar o chapeuzinho vermelho que usara no passado" critica a própria postura política do Presidente, **que passou de um radical militante do PT**, a favor de reformas profundas e revoluções, **para uma posição moderada, mais leve**, a fim de resguardar-se e garantir sua permanência e sucesso no governo. Justamente por causa das reformas, o PT, partido do Presidente, partiu-se em dois e o governante agora deve enfrentar, alem da oposição, os radicais esquerdistas.

Ao responderem a essa questão, todos os informantes ignoraram as âncoras textuais, que deveriam funcionar como ativadores de um espaço em que o presidente era alvo, vítima, e não o vilão da história.

A expulsão de Lulinha da Casa da Vovó seria uma importante âncora textual ou ativador de espaço. Esse fato deveria possibilitar ao leitor a construção de um espaço em que Lula é visto como vítima da situação, e não o contrário. O fato de a Vovó ter mudado de atitude (uma vez que é paciente, compreensiva com os seus netos) pode ser mapeado com a mudança de atitude dos aliados (ala radical) do PT. Ao inverter essa posição, enfatizando a mudança de atitude do presidente, e não da ala radical do partido, os leitores mostram não terem levado em consideração essas marcas deixadas pelo autor (ainda que intencionalmente).

Entretanto, as respostas são coerentes, pois os sujeitos souberam buscar amparo, argumento, em seus próprios conhecimentos prévios do cenário político em questão. Deixaram evidenciar o pensamento próprio perante os fatos ocorridos, e não o pensamento do autor.

Como estratégia, a maioria dos informantes enfatizou a relação vital de mudança, em que o presidente muda a sua postura. Antes das eleições, apresenta-se como radical, coerente com o discurso do PT, partido ao qual pertence. Depois das eleições, porém, vê-se obrigado a ponderar o seu radicalismo para que se enquadre ao sistema econômico.

A questão 3 – *Quais são as reformas que Lulinha leva à Vovó?* – envolve a habilidade de localizar informações explícitas no texto. Esperava-se que os leitores voltassem ao texto, uma vez que a resposta para essa questão estava explicitamente apresentada no texto que acompanha a versão contínua e nos *links* da versão hipertextual.

Há sempre, no entanto, a possibilidade de o leitor formular uma resposta para uma questão como essa, sem fazer uma busca no texto. Acreditamos que isso tenha ocorrido nas quatro respostas que consideramos inadequadas, por não evidenciarem uma volta ao texto. Faz-se importante destacar, portanto, que, nesta questão, foi avaliada a habilidade de o leitor localizar informação no texto, e não apenas a qualidade ou adequação da resposta.

O desempenho dos leitores da versão hipertextual foi melhor do que o desempenho daqueles que leram o texto na versão contínua (87,5% e 57,1% de acertos, respectivamente). Esses resultados corroboram nossa hipótese de que o formato hipertextual ajudaria o leitor na solução de questões que lidam com localização de informações, uma vez que os *hiperlinks* favorecem a volta ao texto, facilitando a busca de informação explícita específica.

As respostas de vários dos informantes que leram a versão hipertextual apresentam uma proximidade maior com relação ao conteúdo dos *hiperlinks* do que as respostas fornecidas pelos sujeitos que leram o texto no formato contínuo, como se pode ver nas respostas a seguir. Parece ter havido, de fato, volta ao texto e localização de informação explícita, nesses casos.

As respostas a essa pergunta foram agrupadas em duas categorias: de respostas específicas, iguais ou similares à informação dos *links* e do texto contínuo; e a de respostas gerais, que não demonstram uma volta ao texto.

Respostas específicas

>**Suj.1H**: Lulinha carrega as reformas previdenciária e tributaria.
>
>**Suj.2H:** Reformas da previdência e tributária, as principais propostas de Lula em sua campanha e solicitadas há muito tempo pela esquerda.
>
>**Suj.3H:** Lulinha propõe a vovó reformas econômicas, da Previdência e Tributária

Tais respostas evidenciam uma proximidade muito grande com o conteúdo disponibilizado por nós em ambas as versões. Por isso, foram consideradas corretas.

Respostas gerais

>**Suj.7H:** Ele leva reformas administrativas, políticas, econômicas e sociais: reformas fundamentais e urgentes, que a sociedade há muito aguarda.
>
>**Suj.10C:** A Reforma da Previdência e do Judiciário.
>
>**Suj.12C:** As reformas levadas à vovó são de âmbito econômico e têm o objetivo de seguir às propostas do FMI, mesmo sendo em parte contraditórias ao discurso petista.

As respostas, acima, consideradas insatisfatórias parecem revelar que esses estudantes não voltaram ao texto, confiando mais em sua memória e conhecimentos prévios. Essa constatação pode ser evidenciada nas respostas em que os sujeitos leitores invocam elementos como o FMI, presente no cenário das reformas. Invocam, ainda, outros elementos do *frame* de reformas, que era o fato de a população ter aguardado, ansiosa, por elas.

A questão acerca de localização de informação – *Quais são as reformas que Lulinha leva à Vovó?* – pressupunha, na versão hipertextual, uma consulta ao *link*; e, na versão contínua, a busca da resposta no texto. Apesar de se tratar de uma habilidade de leitura simples, a análise das respostas não foi uma tarefa fácil. Uma das polêmicas na classificação das respostas em adequadas e inadequadas foi decidir o que fazer com as respostas satisfatórias que não revelavam consulta ao texto. Decidimos por computar essas respostas como insatisfatórias, uma vez que não atendiam à habilidade prevista para a questão.

É importante que reflitamos também sobre o fato de o tema do texto ser conhecido pela maioria (senão todos) dos informantes. O conhecimento prévio, nesse caso, pode ter atuado "negativamente" no desempenho dos sujeitos nessa questão, uma vez que os sujeitos podem ter julgado desnecessária a consulta ao texto ou podem ter preferido não copiar a mesma resposta, uma vez que as cópias nunca foram vistas com bons olhos pelos professores.

Nessa questão, temos evidenciada a influência do formato de apresentação do texto nas respostas dos leitores. Como era previsto, a disponibilização de informações em *links* possibilita um rápido e fácil acesso aos leitores, fazendo com que acabem voltando mais vezes ao texto.

A questão 4 – *Quem é a Vovó Radical? Qual a sua relação com Lulinha?* – avaliou duas habilidades de leitura: a localização de uma informação no texto e o relacionamento de informações. Esperávamos, dessa forma, duas respostas para essa pergunta. A primeira, relacionada à capacidade de localizar informação no texto, seria dizer que a Vovó Radical representa a ala radical do PT. A segunda, relacionada com a habilidade de relacionar informações, é mencionar que a Vovó Radical pertencia ao PT, mesmo partido de Lulinha. As repostas foram agrupadas tendo em vista as duas perguntas. Dessa forma, a mesma resposta se prestou a duas diferentes categorias.

A seguir, as categorias que foram traçadas tendo em vista a primeira parte da questão: *Quem é a Vovó Radical?*

> **Suj.1H:** A Vovó Radical representa a ala radical que pertencia ao PT, hoje expulsa do partido. Essa facção do partido, que contava com Heloisa Helena, Baba, Luciana Genro, era contra as reformas da maneira que estavam sendo conduzidas por Lula, do

próprio governo exercido pelo Presidente. Queriam instalar um modelo político voltado para o socialismo. Votaram contra essas reformas no Congresso, contrariando o Presidente e o partido ao qual pertenciam. Na crônica, a relação entre vovó e Lulinha e mostrada como conflituosa, estranha e a avo parece um tanto quanto fanática.

Esse leitor identificou a informação de que a Vovó Radical representava a ala radical do PT. Alguns ainda acessaram informações de seus conhecimentos prévios, ao especificarem os nomes dos políticos que representavam a ala radical do partido e ao trazerem informações sobre o contexto político das reformas de 2003, quando fizeram menção ao FMI.

A maioria dos informantes (87,5%) parece ter acessado os *links* e o trecho do texto contínuo, que traziam a informação solicitada na pergunta, que, por sua vez, descomprime a informação presente na seguinte rede de integração conceitual:

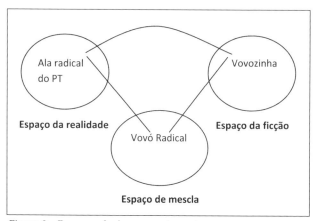

Figura 2 – Processo de desempacotamento

Para dizer que a Vovó Radical representa a ala radical do PT, foi necessário que os sujeitos fizessem um processo de desempacotamento, em que os mapeamentos e projeções, anteriores ao significado emergente do espaço mesclado, foram recuperados. Ou seja, o leitor recuperou o mapeamento do elemento "Vovozinha", presente no espaço *input* da ficção, com o elemento "ala radical do PT", presente no espaço *input* da realidade e também a projeção desses elementos, fundidos em "Vovó Radical", elemento resultante da integração. Vejamos uma resposta considerada inadequada a essa pergunta.

> **Suj.13C:** Provavelmente o senado. O senado vota medidas que o Presidente pode ou não ratificar.

Ao dizer que a Vovó Radical representa o Senado, o sujeito 13 traça um mapeamento não legitimado pelo texto. O mapeamento que resultaria na mescla "Vovó Radical" deveria ser feito entre os elementos "ala radical do PT" (espaço da realidade) e "Vovozinha" (espaço da ficção). A mescla "Vovó Radical" traz, inclusive, esse mapeamento marcado em seu significante, que resulta dos significantes dos dois elementos mapeados: **Vovó** (ficção)+ Ala **Radical** (realidade).

Em seguida, a análise relacionada à segunda parte da questão: *Qual a sua relação com Lulinha?*

> **Suj.1H:** A Vovó Radical representa a ala radical que pertencia ao PT, hoje expulsa do partido. Essa facção do partido, que contava com Heloisa Helena, Baba, Luciana Genro, era contra as reformas da maneira que estavam sendo conduzidas por Lula, do próprio governo exercido pelo Presidente. Queriam instalar um modelo político voltado para o socialismo. Votaram contra essas reformas no Congresso, contrariando o Presidente e o partido ao qual pertenciam. Na crônica, a relação entre vovo e Lulinha e mostrada como conflituosa, estranha e a avo parece um tanto quanto fanática.

Essa resposta especifica o relacionamento da Vovó Radical com Lulinha, em que foi estabelecida uma relação vital de analogia.

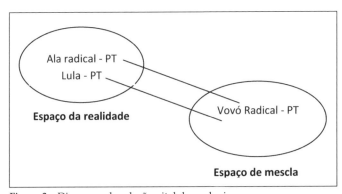

Figura 3 – Diagrama da relação vital de analogia

O diagrama anterior ilustra o fato de Lulinha e a Vovó Radical pertencerem ao mesmo partido político. A relação vital de analogia é estabelecida na medida em que o leitor deve atribuir à "Vovó Radical" e a "Lulinha" características atribuídas aos seus correspondentes no espaço *input* da realidade: "ala radical" e "Lula".

A resposta seguinte não satisfez à habilidade prevista, uma vez que evidencia uma relação baseada em uma referenciação equivocada feita na primeira parte da questão. Ao atribuir outros referentes à "Vovó Radical" – "sociedade" –, o sujeito 7 identificou outra relação diferente da prevista em nossa grade de resposta.

> **Suj.7H:** A Vovó Radical é a sociedade, que, na qualidade de boa avó, que ama e protege seus netos, colocou Lula no poder e depositou confiança e esperança em suas ideias, tal como faz uma avó ao planejar um futuro glorioso para seus netos. Ela se tornou "radical" porque se cansou de esperar pelas promessas do neto Lulinha e decidiu declarar "seu brado de guerra"

A pergunta 5, *Por que o chapeuzinho vermelho que Lulinha usou no passado chama a atenção?*, está relacionada à habilidade do leitor de produzir uma inferência causal. Como resposta a essa questão, esperávamos que os leitores fossem capazes de apontar o motivo pelo qual o chapeuzinho vermelho de Lulinha chamaria a atenção. Ou seja, esperávamos que os sujeitos não só dissessem que o chapeuzinho representava os ideais socialistas, de esquerda, que Lula sempre adotou em sua trajetória política, mas, principalmente, evidenciassem o motivo que o levou a abandonar tal postura. Eles teriam de dizer, principalmente, que esses ideais não eram bem-vistos pela maioria da população ou pelos partidos políticos de direita, mais conservadores.

As respostas do sujeito 1 e do sujeito 2, a seguir, foram consideradas satisfatórias, uma vez que apontaram a causa do abandono do chapeuzinho vermelho por Lulinha. De forma geral, a partir dessas respostas, foi possível a construção do seguinte diagrama, que representa o percurso cognitivo feito pelos sujeitos:

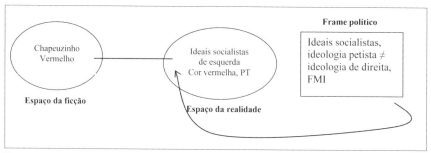

Figura 4 – Diagrama de *frame* político

Esse diagrama mostra que o leitor deveria relacionar o "chapeuzinho vermelho", presente no espaço da ficção, com elementos como: ideias socialistas, de esquerda, representadas pela cor vermelha, e também com o PT, elementos presentes (ou inferidos) no espaço da realidade. A causa do abandono do chapeuzinho vermelho, entretanto, só é evidenciada se convocarmos um *frame* político que mostra que os valores comunistas e de esquerda são contrários aos interesses da direita, do FMI e, por isso, não são vistos com "bons olhos" pela maioria da população.

As respostas seguintes trazem essa relação:

> **Suj.1H:** O chapeuzinho vermelho chamaria a atenção por ser um tanto quanto radical, representando a posição esquerdista e socialista de Lula no passado. Com o chapeuzinho, seriam gerados grandes conflitos com os mais conservadores na sociedade e os pertencentes à direita.
>
> **Suj.2H:** A cor vermelha chama atenção por representar o comunismo e até mesmo o partido de Lula o PT. Usar este chapéu seria como retomar uma posição de esquerda.

As respostas a seguir apenas apresentaram o significado do "chapeuzinho vermelho", ou seja, só localizaram uma informação que estava presente no texto (versão contínua) ou no *link* (versão hipertextual), deixando a inferência causal por parte do leitor.

> **Suj.5H:** Porque vermelha é a cor da bandeira do PT e também simboliza o comunismo. Partidos de esquerda que usam a cor vermelha na bandeira
>
> **Suj.10C:** O chapeuzinho representa a cor do seu partido e remonta as antigas campanhas do Presidente, nas quais ele tinha atitudes bem diferentes.

A questão 6 – *Em um trecho da paródia Lulinha canta "pela estrada fora eu vou bem sozinho...", qual a relação desta música com a crítica que Scliar faz ao governo Lula?* – avaliava a capacidade do aluno de produzir uma inferência relacional. Em sua resposta, esperávamos que fosse apontado o fato de Lulinha ter perdido o apoio do seu próprio partido, tendo de governar sozinho, já que também não tinha o apoio da oposição, relacionado, especificamente, com o adjetivo "sozinho" da música.

As respostas adiante foram consideradas adequadas, porque apresentam uma relação pertinente entre o fato de Lulinha seguir sozinho e a crítica feita pelo autor. Todos os sujeitos retomaram a crítica já identificada na questão 2. Alguns não explicitaram o trecho da música, mas entendemos que essa referência estaria subentendida nas respostas dos alunos.

> **Suj.1H:** Lula perdeu respaldo de seu próprio partido, já que uma determinada facção posicionou-se veementemente contra as reformas, e, obviamente, não contava com o apoio da oposição, também contra as reformas realizadas pelo Presidente. Assim, a musica utilizada na crônica mostra a falta de suporte, sustento e apoio ao pacote efetivado por Lula. O Presidente estava "sozinho" em suas reformas.

> **Suj.4H:** A crítica do autor é justamente ao fato de Lula ter que governar sozinho, sem apoio de ninguém. E é exatamente o que ele canta no trechinho acima.

Os sujeitos 1 e 4 trouxeram uma resposta bastante adequada a essa questão. Primeiramente, retomam a crítica feita pelo autor. Em seguida, relacionam, de forma explícita, a crítica com a música. Entretanto, essa relação não se dá de forma explícita em todas as repostas.

As respostas seguintes foram consideradas inadequadas, apesar de percebermos que os sujeitos relacionaram o conteúdo da música com a crítica do autor. De certa forma, os alunos atenderam à habilidade prevista pela questão, que era a de relacionar partes ou fatos do texto. Entretanto, não apontaram a crítica feita pelo autor como prevíamos em nossa grade de resposta, assim também o fizeram na questão 2, que solicitava a identificação dessa crítica.

> **Suj.8H:** Scliar critica a posição de Lula de "seguir sozinho" em suas metas, deixando para trás ideais e partidários de seu governo.

> **Suj.9C:** O autor critica Lula por ter abandonado sua postura política tradicional, esquerdista. Portanto, Lula estaria sozinho, como afirma na música, por ter perdido os companheiros que mantiveram a postura de esquerda.

A questão 7, *O que você acha da atitude da Vovó Radical?*, é opinativa, ou seja, para ela, leitores deveriam expressar uma opinião sobre uma parte ou assunto tratado no texto. Por ser uma questão opinativa, não havia motivo para acreditarmos na influência do formato de apresentação do texto – contínuo ou hipertextual. Essa pergunta, no entanto, foi feita a fim de que pudéssemos obter mais informações sobre a compreensão do texto. Entretanto, ainda que seja avaliativa, essa questão também pode ser considerada inferencial, uma vez que o leitor precisa lançar mão dos seus conhecimentos (prévios e também os conhecimentos adquiridos na leitura do texto) a respeito do cenário político em questão para elaborar sua resposta. Esperávamos, nessa pergunta, que os leitores apresentassem sua opinião com relação à falta de apoio dos radicais do PT ao Presidente Lula. Algumas respostas foram consideradas inadequadas em virtude da produção de inferências e relações que não são legitimadas pela crônica e, ainda, em virtude de problemas com a escrita, que acabaram por interferir na qualidade das respostas.

As respostas como as seguintes foram consideradas adequadas, porque apresentam argumentos coerentes com os fatos retratados no texto. Elas demonstram, mais uma vez, que os alunos operaram de forma hipertextual, relacionando e articulando elementos entre os espaços, além de terem retomado a integração conceitual produzida em resposta a questões anteriores:

> **Suj.1H:** Vovo Radical tem uma postura extremista e não reconhece que, de fato, as reformas podem trazer algum bem ao pais ou, pelo menos, significar um passo inicial para mudanças mais efetivas no Brasil. Não são ideais ou perfeitas, mas um impulso e etapa inicial para que outras reformas sejam iniciadas e o pais possa deslanchar e tornar-se socialmente mais justo.
>
> **Suj.4H:** É uma atitude extremamente errada. Se os radicalistas acham que o governo não está bom, eles deviam ajudar a achar o erro e ajudar a consertar. Virar as costas a um antigo aliado é uma atitude de muita covardia.

A resposta apresentada pelo sujeito 2 foi considerada inadequada, já que nos pareceu apresentar uma informação não confirmada pelo texto e, talvez, contraditória em relação ao próprio texto:

> **Suj.2H:** A atitude dela foi a mais esperada possível. Mesmo antes de Lula ser eleito ela já era contra a ele, não seria depois dele estar no governo que ela iria ficar a favor.

O sujeito 2 faz movimentos anafóricos um pouco confusos, o que nos permite concluir que a ala radical do PT estava contra Lula, quando ele ainda não era presidente. Essa informação não encontra respaldo nem no contexto político a que se refere, nem na crônica de Scliar. Uma das falas da Vovó Radical no texto indica que a "Vovó" acreditava em Lulinha: "**Enquanto esperava** essas suas reformas, **transformei-me** por completo. E **agora...**" e só se "transformou diante da demora das reformas".

Considerações finais

A análise qualitativa desta pesquisa forneceu-nos evidências para que afirmemos que a adequação ou inadequação das respostas não apresenta uma relação direta com o formato hipertextual, com exceção da questão que avaliava a habilidade de localização de informação. Esse resultado também é corroborado pelos resultados gerais da pesquisa realizada por Coscarelli (2005). Com relação às outras habilidades de leitura, não nos é permitido afirmar, tomando como base a análise qualitativa, que qualquer um dos dois formatos exerça alguma influência sobre elas. Todas as respostas, sejam elas adequadas ou não, evidenciam um processo cognitivo hipertextual, com produção de ricas inferências e analogias, criação, articulação e integração de diferentes espaços mentais. A inadequação de algumas respostas apenas evidencia a construção de relações hipertextuais diferentes daquelas previstas por nós. Essa diferença foi provocada por fatores extralinguísticos, tais como acionamento de *frames*, conhecimento prévio, ideologia, que sabemos ser decisivos em todo processo de leitura.

Sendo assim, nos é permitido afirmar que a análise qualitativa comprova a nossa premissa de que a leitura é um processo hipertextual, uma vez que evidencia a produção e integração de espaços mentais (Fauconnier; Turner, 2002), possibilitadas, inclusive, pelos conhecimentos prévios dos informantes. Acreditamos que o fato de a crônica versar sobre um tema político e polêmico fez com que os informantes desconsiderassem algumas marcas textuais deixadas pelo autor para que fosse(m) construído(s) o(s) sentido(s) pretendidos por ele, possibilitando acionamentos e integrações de diferentes espaços, que iriam evidenciar, por sua vez, o pensamento e a ideologia dos leitores informantes desta pesquisa. Ainda que muitos leitores não tenham respondido a todas as questões da maneira como prevíamos em nossa grade de resposta (o que já era esperado), eles operaram cognitivamente de forma hipertextual, revelando a produção de outras igualmente ricas redes de relações de sentido.

Referências

BUSH, V. *As we may think.* 1945. Disponível em: <http://www.ps.uni-sb.de/~duchier/pub/vbush/vbush-all.shtml>. Acesso em: 25 jan. 2012.

COSCARELLI, C. V.(Org.). *Novas tecnologias, novos textos, novas formas de pensar.* Belo Horizonte: Autêntica, 2002.

COSCARELLI, C. V. *Relatório de Pesquisa: A leitura de hipertextos.* San Diego: UCSD; Belo Horizonte: Fale/UFMG, 2005. (Mimeo.)

COSCARELLI, C. V. Um exercício de compreensão e aplicação da teoria dos espaços mentais. In: COSTA, J. C. da; PEREIRA, V. W. (Org.). *Linguagem e cognição*: relações interdisciplinares. Porto Alegre: EDIPUCRS, 2009. p. 183-207.

DELL'ISOLA, Regina Lúcia Péret. *Leitura: inferências e contexto sociocultural.* Belo Horizonte: Formato, 2001.

FAUCONNIER, G. *Mappings in thought and language.* Cambridge: Cambridge University Press, 1997.

FAUCONNIER, G. *Mental spaces*: aspects of meaning construction in natural language. Cambridge: Cambridge University Press, 1994.

FAUCONNIER, G.; TURNER, M. Blending as a central process of grammar. In: GOLDBERG, A. (Ed.). *Conceptual structure, discourse and language.* Stanford: CSLI; Cambridge University Press, 1996. p. 113-129.

FAUCONNIER, G.; TURNER, M. Conceptual integration networks. *Cognitive science*, Cognitive Science Society, v. 22, p. 133-187, 1998.

FAUCONNIER, G.; TURNER, M. *The way we think: conceptual blending and the mind's hidden complexities*. New York: Basic Books, 2002.

FILLMORE, C. J. Frame semantics. In: LINGUISTIC SOCIETY OF KOREA (Ed.). *Linguistics in the morning calm*. Seoul: Hanshin, 1982. p. 111-137.

GONÇALVES, J. L. *O desenvolvimento da competência do tradutor*: investigando o processo através de um estudo exploratório-experimental. Tese (Doutorado em Estudos Linguísticos), Faculdade de Letras, Universidade Federal de Minas Gerais, Belo Horizonte, 2003. cap. 2, p. 25-77.

KOCH, I. V. A construção de sentido no hipertexto: demandas linguísticas e cognitivas. In: ENCONTRO NACIONAL SOBRE HIPERTEXTO, 1., Recife, 27-29 out. 2005. *Anais...* Recife: UFPE, 2005. (CD-ROM)

LÉVY, P. *As tecnologias da inteligência*. São Paulo: Ed. 34, 1993.

MARCUSCHI, L. A. Heráclito e o hipertexto: o Logos do hipertexto e a harmonia do oculto. In: ENCONTRO NACIONAL SOBRE HIPERTEXTO, 1., Recife, 27-29 out. 2005. *Anais...* Recife: UFPE, 2005. (CD-ROM)

MARCUSCHI, L. A. O hipertexto como um novo espaço de escrita em sala de aula. *Linguagem & Ensino*, v. 4, n. 1, p. 79-111, 2001.

MILITÃO, Josiane Andrade. *Retextualização de textos acadêmicos: aspectos cognitivos e culturais*. Belo Horizonte, Faculdade de Letras da UFMG, 2007. (Tese de doutorado)

RUMELHART, D.; MCCLELLAND, J. *Parallel distributed processing*: explorations in the microstructure of cognition. Cambridge, MIT Press, c1986.

XAVIER, A. C. *O hipertexto na sociedade da informação*: a constituição do modo de enunciação digital. Tese (Doutorado em Linguística), Instituto de Estudos da Linguagem, Universidade Estadual de Campinas, 2002.

Anexo 1 – Grade de respostas previstas

Como você contaria essa crônica a alguém que não a leu? (Compreensão global)

Breve descrição e explicação da obra.

Qual a crítica que Scliar faz ao governo Lula? (Inferencial)

Scliar critica a divisão do PT nas decisões tomadas pelo governo. A crítica se direciona à falta de apoio que os colegas da ala radical do PT deram às reformas propostas por Lula.

Quais são as reformas que Lulinha leva à Vovó? (Informação Explícita)

Reformas da Previdência e Tributária.

Quem é a Vovó Radical? Qual a sua relação com Lulinha? (Inf. Explícita/ Inferencial)

A Vovó Radical representa a ala radical do PT, partido ao qual pertence Lula.

Por que o chapeuzinho vermelho que Lulinha usou no passado chama a atenção? (Inferencial Causal)

O chapeuzinho vermelho representa os ideais socialistas de esquerda que Lula sempre adotou em sua trajetória política. Esses ideais, porém, não são bem aceitos pela maioria da sociedade brasileira, nem pela maioria do Senado. Lula teve de abrandar seu discurso para vencer as eleições e conquistar a maioria do Senado.

Em um trecho da paródia, Lulinha canta "Pela estrada afora eu vou bem sozinho...". Qual a relação desta música com a crítica que Scliar faz ao governo Lula? (Inferencial Relacional)

A música explicita a crítica de Scliar ao afirmar que Lula (Lulinha) vai sozinho pela estrada afora, ou seja, que ele não possui apoio dentro do próprio partido e tem bastante trabalho para conseguir fazer com que suas reformas sejam aprovadas.

O que você acha da atitude da Vovó Radical? (Opinativa)

Como se trata de uma pergunta de opinião, não existe uma resposta esperada. Espera-se, porém, que o sujeito tenha absorvido informações suficientes para se posicionar quanto à pergunta. Ele deve relacionar a Vovó Radical à ala radical do PT e argumentar contra ou a favor da oposição às reformas e, talvez, também argumentar contra ou a favor da expulsão deles do partido.

Texto *versus* hipertexto na teoria e na prática

Carla Viana Coscarelli

Ler um hipertexto digital é diferente de ler um texto impresso? Vamos discutir um pouco essas diferenças neste trabalho. Dizer que é tudo diferente pode ser tão exagerado quanto dizer que não há diferença alguma entre essas duas atividades de leitura. Mas precisamos ter em mente de que estamos falando de leitura e de que nossa cabeça não vai realizar operações completamente diferentes, só porque o texto está impresso ou é apresentado em formato digital. Sabemos que no hipertexto digital as informações costumam vir divididas em pequenos textos ou trechos, ao passo que no texto impresso a informação costuma vir em blocos de textos maiores. Mas é bom lembrar que nem sempre é assim. Se pensarmos no jornal impresso, por exemplo, vemos que o texto pode ser subdivido em chamada, manchete, título, legenda, retranca, boxes, gráficos, subpartes da notícia ou reportagem. Retomo, neste texto, a questão da linearidade de que já tratei em outros textos (COSCARELLI, 2002), entre diferentes fatores geralmente associados ao hipertexto (COSCARELLI, 2006). Para dar suporte empírico ao posicionamento teórico adotado neste artigo, apresento os resultados de uma pesquisa que fizemos visando verificar a influência do formato de apresentação do texto (contínuo ou hipertextual) na compreensão. Iniciamos essa jornada discutindo um pouco sobre o que estamos entendendo como textos e hipertextos.

Sobre a noção de texto e hipertexto

Um conceito muito usado pelos linguistas é de que o texto é um evento em que convergem ações cognitivas, linguísticas e sociais (BEAUGRANDE, 1997). Defendemos que texto não é um evento. A textualização, sim, seria um evento, mas o texto é um produto. Entendendo textualização, conforme Costa Val (2001, p. 41), isto é

> [...] como um processo linguístico, cognitivo e cultural de aplicação dos fatores de textualidade. [...] A textualidade dos artefatos linguísticos com os quais interagimos é produzida à medida que aplicamos a eles princípios de textualização [...]. Cada vez que um usuário interpreta um artefato como texto é porque conseguiu aplicar a ele, com sucesso, os princípios de textualização, construindo sua coesão, sua coerência, e tudo mais.

Um dos limites que um texto tem (para um linguista) é que ele seja verbal. Sendo assim, um quadro não é (para um linguista) um texto. Um retrato não é um texto. Uma música instrumental não é um texto. O texto seria um produto verbal que pode ou não ser acompanhado de outras linguagens. O não verbal (sem o verbal) não seria, portanto, para o linguista um texto *stricto sensu*. Esse é um recorte que precisamos fazer. É uma postura polêmica. Não estamos excluindo os objetos de estudo da semiótica, mas estamos procurando estabelecer um limite do que seja um texto para os linguistas, cujo objeto de estudo costuma ser, primordialmente, a linguagem verbal.

Acredito que o texto seja, como define Costa Val (1991, p. 3) "uma ocorrência linguística, escrita ou falada de qualquer extensão". Acrescentamos a essa definição o fato de outras linguagens poderem estar associadas a essa ocorrência.

Defendemos aqui que o texto não é um jogo comunicativo, não é um evento comunicativo, mas faz parte deles. A escrita e a leitura de um texto são eventos comunicativos, mas o texto não o é.

A definição de Cafiero (2002) permite-nos fazer essa distinção entre o texto como produto e os processos em que está envolvido. O texto é definido por ela como

> [...] uma unidade linguística concreta, [...] um conjunto organizado de informações conceituais e procedimentais (instruções de como ligar essas informações), que media a comunicação. É um produto de um ato discursivo, isto é, está sempre marcado pelas condições em que foi produzido e pelas condições[1] de sua recepção.

Depois de conceituar o texto como produto, Cafiero apresenta o funcionamento do texto em um evento comunicativo

> Assim, o texto não funciona autonomamente, posto que depende da ação de quem o produz, e também de quem o recebe, ou seja, não traz em si todos os detalhes de sua interpretação. Em outras palavras, o texto funciona como o fio condutor que liga tenuemente

---

[1] Podemos dizer, com o apoio de Umberto Eco (1986), que essas condições de recepção seriam aqui as imaginadas pelo autor (leitor modelo).

o escritor ao leitor, permitindo a interação entre eles em uma situação comunicativa concreta (Cafiero, 2002, p. 31).

Essa definição serve tanto ao texto quanto ao hipertexto. Ao hipertexto digital, por sua vez, adicionaríamos a esse conceito o fato de estar em ambiente digital, trazendo consigo elementos não verbais que sinalizam a navegação nesse ambiente. Podemos definir hipertexto digital, portanto, como um conjunto de nós, textos ou unidades de informação verbais ou não verbais (como imagens, animações, filmes, sons, etc.), conectados a outros por *links*, ou seja, elementos que nos levam a outros nós e que costumam ser indicados por palavras sublinhadas escritas em azul ou por ícones, mas nada impede que outros recursos sejam usados para marcar os *links* disponíveis.

Lembramos que jornais e revistas impressos podem ser considerados hipertextos e que recursos hipertextuais, como os índices e as notas de pé de página, são há muitos anos usados em livros e em outros materiais impressos.

Precisamos discutir se há realmente a necessidade de se tratar o hipertexto digital como algo diferente do texto. Precisamos cunhar outro nome ou o hipertexto digital é apenas mais um formato de texto nessa enorme rede textual com a qual lidamos e que abriga diversos gêneros textuais em diferentes suportes e, consequentemente, com formatos e modos de navegação diferentes e flexíveis? Acreditamos que o hipertexto é mais um formato de texto, e não um conceito diferente do texto.

Precisamos considerar, no entanto, que o ambiente digital estimula o aparecimento de novos gêneros textuais. Além dos textos que temos em circulação em nossa sociedade letrada, outros aparecem. Entre eles, podemos citar o *chat*, os *sites*, os *banners* publicitários, as redes sociais, a literatura digital em toda a sua diversidade e, provavelmente, alguns outros que ainda não somos capazes de mencionar.

Com esses novos textos escritos, é preciso repensar o sentido da palavra "texto", não com um novo conceito, mas com uma ampliação desse conceito para outras instâncias comunicativas, trazendo para ela uma concepção um pouco diferente daquela que tínhamos em mente e nas teorias da Linguística. É preciso entrar na semiótica e aceitar a música, o movimento e a imagem como parte dele.

Uma das características apontadas ao hipertexto como diferencial do texto é a linearidade, ou seja, o texto seria linear, ao passo que o hipertexto seria fragmentado ou hierarquizado.

Defendemos aqui que nenhum texto e nenhuma leitura são lineares. Todo texto lida, inegavelmente, com uma pluralidade de dimensões, entre as quais podemos citar a lexical, a morfossintática, a semântica e a textual.

Mas sabemos que um texto não se caracteriza apenas por seus elementos formais, ou seja, é preciso considerar os participantes do discurso e suas intenções comunicativas, bem com a situação de comunicação, somando ao enunciado os elementos da enunciação, trazendo assim à baila pelo menos mais duas dimensões: a pragmática e a discursiva.

A leitura, por sua vez, lida inevitavelmente com muitos domínios cognitivos que devem se articular para viabilizar a construção do(s) sentido(s) do texto. Esses domínios vão contribuir para a construção de cadeias referenciais, para a produção de muitos tipos de inferências, para a construção de, pelo menos, um sentido global para o texto e para a recuperação de inúmeros efeitos de sentido e de intenções comunicativas. Acreditamos que a construção de sentidos depende da ativação, da articulação e da integração de diferentes espaços mentais (FAUCONNIER; TURNER, 2002), que são pequenos pacotes conceituais construídos à medida que pensamos e falamos, possibilitando, assim, a compreensão e a ação em nível local. Os elementos do texto ajudam a ativar espaços mentais baseados nos nossos *frames* a respeito do assunto, e da integração ou articulação desses espaços *input* emerge o *insight* global para o texto ou as estruturas que não estão mencionadas diretamente nele, mas que podemos inferir.

Uma vez que a natureza dos textos e do trabalho cognitivo de modo geral, e neste caso, em especial na leitura, não costuma ser linear nem sequencial, não há razões para se esperar que o hipertexto digital demande um processamento diferente daquele requerido na leitura de textos impressos ou "lineares". Defendemos, portanto, que todo texto é um hipertexto e toda leitura é um processo hipertextual.

Nosso ponto de vista, no entanto, não é compartilhado por alguns autores como Landow (1992), Snyder (1996), Ramal (2002) e Xavier (2004), os quais argumentam que a leitura de hipertextos é diferente da leitura de textos impressos, uma vez que eles são essencialmente diferentes. Nesses estudos, o hipertexto é visto como um texto não linear que não tem eixo organizador ou centro. Além disso, argumentam que hipertextos requerem um leitor mais ativo, que seja um construtor de significados autônomo e independente. O leitor de hipertextos seria, também, um autor, uma vez que pode adicionar informação ao texto.

Uma das principais diferenças entre o que defendemos e as ideias defendidas por esses autores reside no fato de que eles geralmente focalizam na navegação, na forma de apresentação do conteúdo e na interação do usuário com o texto, ao passo que focalizamos nossa atenção na compreensão do texto como um processo cognitivo. Isso talvez justifique por que eles consideram a falta de linearidade como um dos principais fatores do hipertexto, enquanto nós argumentamos que todo texto é um hipertexto (uma vez que não é linear), e todo processo de leitura é essencialmente hipertextual (porque a leitura não é um processo linear).[2] Diferentes abordagens desse mesmo assunto – hipertexto – levam a resultados diversos. Isso explica parte das discrepâncias que a pesquisa sobre hipertexto precisa enfrentar.

Acreditamos, no entanto, que algumas diferenças na leitura podem surgir, devido à habilidade de navegação dos informantes. Fastrez (2002) e Ribeiro (2003; 2008) mostraram em suas pesquisas que o formato do texto exige alguma familiaridade do leitor em lidar com o hipertexto. De acordo com Fastrez, que verificou a influência de fatores formais e da interface de hiperdocumentos sob a organização dos conhecimentos elaborados pelo usuário, a forma de apresentação do documento pode influenciar a representação desse texto construída pelo leitor e depende dos seus objetivos de leitura e das estratégias usadas por ele. Ribeiro, por outro lado, comparando a leitura que os sujeitos fazem de um jornal impresso ou digital, mostra que o leitor traz para a leitura do jornal hipertextual digital sua bagagem relacionada à busca no jornal, adquirida na leitura do jornal impresso. Mostra, também, que leitura e navegação são competências distintas e que é ideal que o leitor desenvolva as habilidades relativas a ambas.

Rouet *et al.* (1996) apresentam vários estudos que procuram verificar a compreensão de hipertextos. Esses experimentos levam-nos a concluir que a leitura de textos e de hipertextos não é tão diferente assim e que a eficácia de um texto ou hipertexto depende da sua adequação à situação comunicativa e do uso desse material.[3]

Nenhum texto é linear[4]

Não podemos acreditar na linearidade de um texto apenas porque as palavras se apresentam no papel uma após a outra.[5] Sabemos que existem inúmeras marcas no texto que sinalizam a hierarquia das ideias apresentadas, como títulos e subtítulos, tamanho, cor e/ou formato das fontes, recursos de topicalização, os mecanismos de continuidade (coesão referencial, temporal e espacial, cf. PINTO, 2003) e itens lexicais que marcam o grau de relevância de determinadas partes do texto ou a organização dele, entre outros.

O texto, visto como produto de uma atividade de escrita, apresenta elementos que nos permitem negar a visão de linearidade e dizer, lançando

---

[2] Uma discussão mais aprofundada sobre esse debate pode ser encontrada em Coscarelli (2009).

[3] Para mais detalhes sobre essa discussão, ver Coscarelli (2005c).

[4] Uma primeira versão das seções "Nenhum texto é linear" e "Nenhuma leitura é linear" foi publicada em "Os dons do hipertexto" (COSCARELLI, 2006).

[5] Lidaremos em especial com o texto escrito, uma vez que nosso interesse primeiro gira em torno da leitura, e não de processos de compreensão em geral. Trata-se de um recorte metodológico.

mão das ideias de Sperber e Wilson (1986/1995), que há marcas ostensivas do grau de relevância dos dados que apresenta ao leitor, para serem transformados em sentido.

Teóricos da Linguística Textual, como Van Dijk (1992), por exemplo, endossam a não linearidade do texto, quando defendem que, para construir uma representação semântica do texto, o leitor conta, entre outros dados, com elementos estruturais, como o *status* de tópico ou com sinalizações da estrutura temporal dos eventos do texto, por exemplo.

Muitas outras teorias poderiam ser citadas, uma vez que é difícil negar o papel da forma do texto na construção do significado. Isso não significa dizer que o significado é construído única e imediatamente a partir da forma, mas significa dizer que a forma desempenha papel importante na atividade de leitura, como elemento que ajuda a orientar ou encaminhar o trabalho do leitor. (Não fosse assim, não haveria por que o autor trabalhar o texto, fazendo escolhas de toda ordem e natureza, para provocar o efeito pretendido no leitor. "Se cada leitor vai entender o que quer, para que vou me preocupar com minhas escolhas linguísticas?" Não vamos passar para o outro extremo, dizendo que o sentido está no texto.) Entre essas teorias, vamos mencionar brevemente o sociointeracionismo discursivo, como defendido por Bronckart (1999), e uma abordagem cognitiva da leitura, como proposta por Fauconnier e Turner (2002).

Bronckart (1999) defende o papel dos elementos do texto, quando argumenta a favor dos gêneros e tipos discursivos, e busca levantar os elementos linguísticos predominantes ou característicos de cada um deles. Para esse teórico, "*tipo linguístico* designa o tipo de discurso tal como ele é efetivamente semiotizado no quadro de uma língua natural, com suas propriedades morfossintáticas e semânticas particulares" (p. 156).

Fauconnier e Turner (2002) defendem o papel dos elementos do texto na construção do sentido dizendo que o texto apresenta expressões linguísticas apropriadas que vão sinalizar para o leitor os espaços mentais que deverá construir e em que espaço as informações devem ser construídas, integradas e avaliadas. Esses autores apresentam uma lista, certamente não exaustiva, de elementos a que chamam de construtores de espaços, que são formas linguísticas ativadoras do processo de referenciação:

Exemplos de construtores de espaços mentais:

- instauração da "situação *default*";
- uso de verbos *dicendi* (ou não *dicendi*, usado como *dicendi*. Ex.: lamentar – *Lamento* que ele não tenha vindo);
- uso de deverbais de nomes que têm no léxico um correlato de origem verbal (Ex.: <u>comentário-comentar</u>, <u>desabafo-desabafar</u>);

- uso de parênteses, aspas e travessão;
- uso de advérbios de lugar e de tempo (Ex.: Em 1993,... – Na casa da minha avó,...);
- SN sujeito + verbos epistêmicos (Ex.: Maria *acredita* que Pedro é o criminoso);
- construções condicionais, etc. (Ex.: Se eu fosse o Presidente...).

Elementos não verbais também podem ser construtores de espaços mentais, como gestos, expressões faciais, imagens, sons, entre outros.

Além disso, seguindo a trilha indicada por Bakhtin (1992), quando nos diz que nenhum autor é um Adão bíblico e que, sendo assim, os textos sempre fazem referência a outros, acreditamos que a intertextualidade e a polifonia são outros traços indicativos da não linearidade dos textos.

Em suma, acreditamos que o texto precisa ser considerado nas suas diversas dimensões.

Nenhuma leitura é linear

É normal, antes da leitura, o leitor passar os olhos sobre o texto, folhear o material, reconhecer as partes que o compõem e a forma de organização do texto, selecionar as partes que mais interessam, entre outras estratégias nada lineares de exploração do objeto da leitura.

É interessante observarmos leitores experientes em livrarias e verificar o movimento que costumam fazer ao escolher um livro. Normalmente, eles olham a capa, vão para a quarta capa e em seguida procuram ver o que há na orelha e no índice. Depois de feito isso, normalmente vão para o corpo do livro.

Na década de 1970, Frank Smith (1978) já descrevia os movimentos sacádicos dos olhos do leitor durante a leitura, mostrando que não lemos palavra por palavra. Muitos estudos que, com o avanço das tecnologias, puderam ser feitos, monitoravam o movimento do olhar dos leitores, revelando o movimento não linear dos olhos que, durante a leitura, focalizam diversas partes do texto, percorrem muitos caminhos e perseguem diversas rotas nas releituras de trechos do texto, na busca de antecedentes de elementos anafóricos para a construção da cadeira referencial, na procura de algum detalhe perdido ou mal compreendido, entre muitas outras razões que levam o leitor a (ou o impedem de) fazer uma leitura linear dos textos.

A leitura não deixa de ser linear apenas no que concerne ao movimento do olhar. Ela deixa de ser linear, sobretudo, se pensarmos nas operações cognitivas envolvidas na compreensão de textos escritos. Toda leitura envolve colocar em prática diversas habilidades cognitivas que refletem o funcionamento de vários domínios de processamento. Ler não é realizar uma ou outra habilidade, mas um conjunto delas, que juntas resultam na construção de sentido(s).

Na construção dos significados, o leitor precisa realizar algumas operações, como: identificar, a partir da análise do suporte e da superestrutura, o gênero discursivo em questão, além de reconhecer e de perceber como se articulam as sequências tipológicas que compõem o texto; reconhecer as escolhas lexicais e de expressões usadas no texto, estabelecendo relações sintáticas e semânticas, construindo a coerência local que se realiza, dentre outros modos, nas marcas linguísticas que sinalizam as relações temporais, espaciais e referenciais que vão servir de base à construção global do sentido e que vão ajudar o leitor a perceber a organização macroproposicional no texto, ou seja, a recuperar ideias propostas em cada parte do texto, estabelecendo relações lógico-discursivas sinalizadas ou dedutíveis e ir construindo com elas um sentido global, recuperando as prováveis intenções comunicativas do autor.

Tudo isso é feito debaixo das asas da situação de comunicação, do contexto comunicativo, trazendo à baila conhecimentos prévios do leitor e seus objetivos de leitura, que, por sua vez, encaminham a leitura, a construção de sentido.

Por envolver tantas operações e por fazer parte de diferentes situações de comunicação – cada leitor lê o texto em uma situação particular, tem objetivos e interesses particulares e traz consigo uma experiência pessoal, que podem ter pontos semelhantes aos de outros sujeitos – toda leitura será sempre única, inigualável. Voltamos a Bakhtin (1992), na sua argumentação a respeito da diferença entre oração e enunciado, trazendo como alguns argumentos a conclusibilidade, o direcionamento e a responsividade dos enunciados, bem como sua singularidade; nas palavras do autor: "cada texto (como enunciado) é algo individual, único e singular, e nisso reside todo o seu sentido" (p. 310).

Bakhtin também defende o caráter hipertextual quando diz repetidamente em seu texto que "todo enunciado é um elo na cadeia da comunicação discursiva", acrescentando ainda que ele "não pode ser separado dos elos precedentes que o determinam tanto de fora quanto de dentro, gerando nele atitudes responsivas diretas e ressonâncias dialógicas" (p. 300). Manifesta-se, nesse trecho, a visão de que o texto (enunciado) está inserido numa multiplicidade de planos e conexões que não podem deixar de ser consideradas.

Podemos acrescentar ainda a essa lista de fatores que fazem de toda leitura um ato particular e individual e, portanto, único os elementos que o leitor ativa para aquela leitura em particular e que possibilitam (ou inibem) as conexões que ele faz e as relações que estabelece entre o texto e suas experiências na construção do sentido (integração).

Em suma, podemos dizer que a leitura lida inevitavelmente com muitos domínios cognitivos que devem se articular para viabilizar a construção dos sentidos do texto. Esses domínios vão contribuir para a construção de cadeias referenciais, para a produção de muitos tipos de inferências, para a construção da globalidade do texto e para a recuperação de inúmeros efeitos de sentido e intenções comunicativas. Por ser uma operação particular, que envolve a ativação e a articulação de inúmeras informações advindas de diferentes fontes, acreditamos e defendemos que a leitura de qualquer texto é, por natureza, hipertextual.

Textos e hipertextos

O hipertexto é muitas vezes visto como uma ruptura em relação ao texto impresso. Procuramos mostrar nas seções anteriores que essa não é de todo uma grande verdade. Apresentaremos aqui outros aspectos elencados por Snyder (1996) que costumam ser apontados como características do hipertexto e rompem com a tradição do impresso e que discutiremos mais adiante:

- O abandono da linearidade, que é a tendência para as estruturas hierárquicas e lineares que acabam por sugerir ou definir um percurso linha a linha, da primeira à última página. O hipertexto, por sua vez, permitiria ao leitor optar entre vários percursos pelo corpo de texto.
- O texto como rede, que retoma a ideia de Barthes (1970), segundo a qual interpretar um texto é "apreciar a pluralidade de que ele é feito" (p. 11) e a experiência de leitura lança-se em várias direções. Sendo assim, no hipertexto "as redes são múltiplas e jogam entre si, sem que nenhuma possa recobrir as outras; este texto é uma galáxia de significantes, não uma estrutura de significados; não tem começo; é reversível; é acedido através de várias entradas e nenhuma pode ser declarada como principal" (p. 31).
- O texto é aberto – a textualidade seria alterada pelo hipertexto, uma vez que as noções de dentro e fora, que definem os limites do texto, não se aplicariam a ele; e, também, porque os textos se modificam sempre, pois a eles podem ser acrescentados novos textos.
- A dispersão do texto – o hipertexto é dinâmico, pois permite modificações constantes, em oposição à fixidez do texto impresso.
- A intertextualidade – o hipertexto possibilita a visualização da intertextualidade ao reforçar as conexões, tornando explícitos os materiais ligados ao texto.

- Os múltiplos começos e fins – o hipertexto dificulta a determinação de um começo em um texto, bem como do fim, uma vez que o começo é o ponto escolhido pelo leitor para começar a ler e o fim, que, de algum modo nunca existe, é aquele ponto onde o leitor decide encerrar a sua leitura.
- O descentramento do texto – o hipertexto não tem um eixo organizador ou centro fixo, e a definição do que seja central ou marginal fica a cargo do leitor.

A essas características, Furtado (2000) acrescenta a interatividade, pois, segundo ele, o hipertexto permite que seus utilizadores façam modificações no texto. "O hipertexto desestabiliza os papéis tradicionais de escritores e leitores, promovendo um movimento do 'escritor' e do 'leitor' em direção ao 'escritor-leitor'" (p. 328), o que ocasionaria "a perda de uma identidade autoral autoritária e intocável" (SNYDER, 1996, p. 79).

A própria Snyder não deve defender todos esses aspectos atualmente, uma vez que os ambientes digitais se modificaram nos últimos anos e muitos aspectos já se estabilizaram ou já encontraram formas um pouco mais definidas que respeitam a critérios de usabilidade.

Acreditamos que essas características não representam ruptura completa com o texto impresso,[6] a não ser pelo acesso mais rápido e direto à informação dos *links*, o que, no caso do impresso, requer que outro livro seja encontrado e aberto, ao passo que, no hipertexto, bastaria um clique. A dispersão e a abertura do texto, ou seja, a possibilidade de modificá-lo, também parecem ser uma inovação do hipertexto, uma vez que ele permite que alterações sejam feitas e disponibilizadas com muito mais facilidade do que se pode fazer no texto impresso, que exigiria novas edições do material, o que não alteraria os exemplares já impressos.

A não linearidade, bem como a determinação do começo e do fim, refletem mais uma postura do leitor do que uma imposição do texto, pois ele pode saltar partes do texto impresso, assim como fazer uma leitura "linear" no hipertexto, seguindo, por exemplo, a ordem das opções apresentadas no menu. A ideia do texto como rede, de Barthes, dizia respeito, originalmente, ao texto literário impresso e, portanto, aplica-se tanto a ele quanto ao hipertexto, não sendo uma inovação cunhada por e para ele. Em relação ao descentramento, não acreditamos que isso seja uma regra do hipertexto, já que a definição do que é central ou marginal no texto impresso também pode ficar a cargo do leitor, guiado por seus objetivos de leitura, não sendo

---

[6] Para uma abordagem mais detalhada dessas críticas, ver Coscarelli (2006) e Furtado (2000, p. 334-344)

necessariamente determinado pelo material impresso. Por outro lado, se considerarmos os *sites* na Internet, podemos perceber que a maioria deles possui algum eixo organizador e que, muitas vezes, são organizados com base numa estrutura hierárquica.

A intervenção do leitor, que alguns autores chamam de coautor quando se trata da leitura de hipertextos, não é diferente daquelas do texto impresso. O leitor do hipertexto pode fazer anotações e adicionar comentários no texto, assim como o leitor do texto impresso. É bom lembrar, no entanto, que a interferência do leitor num hipertexto disponibilizado na Internet é limitada. Existem lugares apropriados para que o leitor se manifeste e faça suas intervenções e ele não pode modificar tudo o que quiser, como um verdadeiro coautor. Outro fator que costuma justificar o rótulo de coautor, dado ao leitor do hipertexto, é a sua liberdade de navegação. Precisamos estar atentos ao fato de que essa liberdade também tem seus limites, uma vez que o autor escolhe onde colocar *links* e quais *links* disponibilizar. Sendo assim, o leitor não vai aonde quer, mas aonde o hipertexto possibilita.

O leitor não é necessariamente mais ativo na leitura de um hipertexto, nem sua compreensão precisa ser necessariamente diferente daquela feita pelo leitor do impresso. Ainda precisamos verificar com pesquisas essas diferenças, mas o envolvimento do leitor com o texto não parece ser função do formato, mas de sua postura como leitor daquele texto, do seu interesse pelo assunto, da sua familiaridade com o gênero e o registro usados no texto e dos seus objetivos de leitura. Esses mesmos fatores também podem justificar o fato de os leitores do hipertexto – bem como os do texto impresso – não se perderem em sua rede. O leitor do hipertexto não deve se perder mais facilmente que o leitor do impresso. Sem objetivos, sem um propósito, sem desejos, ficamos tão perdidos numa biblioteca quanto na Internet. A presença de títulos, subtítulos, índices, sumários, entre outras tecnologias de organização dos textos nos mostram que a legibilidade ou a usabilidade (ergonomia do texto) (Nielsen, 1996; 1997; 1999; Morkes; Nielsen, 1997), ou seja, uma interface amigável por parte do texto, é sempre bem recebida pelos leitores e, portanto, deve ser uma preocupação dos autores.

Talvez possamos considerar como característica do hipertexto a junção de muitas mídias em um mesmo suporte. O hipertexto amplia os recursos do texto impresso, possibilitando acesso rápido aos conteúdos disponíveis nos *links* e uma utilização mais ampla de recursos sonoros e de animação.

Parece haver uma lacuna entre a teoria e a prática do hipertexto. Na teoria, o hipertexto poderia ser tudo o que dizem dele, mas, na prática, a teoria atualiza-se de uma forma menos livre. O hipertexto é uma teoria que não se realizou completamente, pelo menos na Internet (Furtado, 2000). É uma teoria que se realizou de modo um pouco diferente daquele postulado pela teoria.

Muitas pesquisas sobre o hipertexto têm sido feitas, mas há muitas perguntas que ainda esperam respostas. Há que se pesquisar, por exemplo, a capacidade do leitor de inferir as conexões entre os vários textos que compõem o hipertexto (do mesmo modo que ainda temos de pesquisar como o leitor conecta as partes de um texto contínuo, pois ainda não sabemos ao certo como isso acontece). O fato de as relações entre os vários textos que compõem o hipertexto não estarem nele explicitadas interfere na leitura? Explicitar essas conexões facilitaria ou interferiria na leitura? Há vários estudos que mostram que o leitor é capaz de inferir conexões não marcadas explicitamente no texto. Mas até que ponto a ausência de conectores explícitos interfere no trabalho do leitor (Gualberto, 2008)? Essa é uma das inúmeras questões a respeito da leitura de hipertextos que precisam ser verificadas.

A seguir, apresentamos uma pesquisa que realizamos a fim de saber se as características físicas ou formais de diferentes formatos, no caso, o hipertexto e o texto contínuo, provocam diferenças na compreensão do texto.

A leitura de hipertextos[7] – desenvolvimento da pesquisa

Nesta pesquisa, procuramos verificar a diferença da compreensão de textos de diferentes gêneros provocada pelo formato no qual esse texto é apresentado. Quisemos saber se o formato *hipertexto digital* provocaria uma leitura diferente daquela feita quando o texto é "contínuo" ou "linear".

Estamos chamando de contínuo o texto "corrido", em que as palavras aparecem nos parágrafos e os parágrafos são organizados em textos que se estendem em páginas sequenciadas. Essa formatação normalmente leva o leitor a seguir a ordem sugerida no texto. O hipertexto, por sua vez, é um texto que oferece ligações, denominadas *links*, para outros textos e, por isso, o leitor pode escolher a sua própria rota na leitura desse material.

---

[7] Agradeço o apoio da Capes – Processo BEX 0418/04-8 – para a realização desta pesquisa.

Experimentos

A fim de verificar as diferenças na compreensão provocadas pelo formato do texto, elaboramos um experimento para comparar a leitura dos mesmos textos em dois formatos: o contínuo ou linear e o hipertexto digital. Para isso, foram produzidas duas versões do mesmo material: uma em que uma imagem era acompanhada de um texto contínuo explicativo ou com informações relacionadas ao tema da imagem (formato contínuo); e outra, em que as informações desse texto eram apresentadas em vários *links* (formato hipertextual).

Hipóteses

Levantamos as seguintes hipóteses (H) que poderiam explicar os possíveis resultados encontrados.

- H1. Não há diferença no resultado da leitura/compreensão, provocado pela forma de apresentação do texto;
- H2. O uso do formato hipertextual vai resultar numa melhor compreensão do texto do que o formato contínuo, pelo fato de o leitor, naquele caso, ter de se esforçar mais para construir as relações entre as partes que compõem o hiperdocumento; e
- H3. O formato hipertextual vai resultar numa compreensão menos satisfatória do texto do que na leitura do texto linear, porque o leitor terá dificuldade de construir as pontes entre os textos que compõem o hipertexto e, consequentemente, não será capaz de perceber o texto como um todo.

A nossa previsão era de que a H1 refletiria melhor os resultados, pois não encontramos na literatura consultada razões fortes o suficiente para que o formato do hipertexto fosse visto como um fator dificultador ou facilitador da leitura, em nenhuma das habilidades propostas nesse trabalho como parâmetro para a avaliação da leitura e que serão detalhadas na próxima seção.

Materiais

Nesse experimento foram usados textos de diferentes gêneros textuais: uma charge, um gráfico, um quadro comentado e uma propaganda. Esses textos foram usados como base à qual foram inseridos *links*, no caso da versão hipertextual, ou um texto contínuo, no caso do formato contínuo.

A charge[8]

Nessa charge,[9] o palestrante discute o desemprego. Primeiramente, suas falas e seu gesto podem causar a impressão de que ele trata seriamente do desemprego. No segundo quadro, a ironia da sua proposta é evidenciada, tanto em suas palavras quanto na tela em que apresenta o "desempregódromo", uma solução descabida para o problema do desemprego.

Na interpretação desse texto, os leitores precisam reconhecer quem são as personagens da charge e relacioná-las com pessoas do mundo real. Essas personagens devem ser relacionadas aos políticos brasileiros, responsáveis por encontrar e implementar soluções para problemas sociais, como, no caso dessa charge, o desemprego.

O leitor deve perceber que a construção do desempregódromo não é uma solução, uma vez que geraria outros problemas. Para isso, deve relacionar a criação do desempregódromo com algumas atitudes tomadas pelo governo que, por serem superficiais e não atacarem a raiz dos problemas, acabam gerando problemas ainda maiores.

A versão hipertextual deste experimento foi composta da charge na qual inserimos vários links que ofereciam explicações de elementos componentes de sua linguagem verbal e não verbal. Foi criado, por exemplo, um link para a expressão "mal contemporâneo", no qual foi mostrado o fato de as tecnologias de ponta serem tomadas como vilãs das demissões em massa, mas em que foi ponderada também a sua importância.

---

[8] Uma análise detalhada deste experimento pode ser encontrada em Coscarelli (2007a).
[9] Spacca, Veja, 4 de outubro de 1995.

Na versão contínua, por sua vez, a charge foi apresentada acompanhada de um texto explicativo, composto pelos textos que constavam nos links do formato hipertextual, aos quais foram acrescentadas pequenas modificações, a fim de que formassem parágrafos bem articulados.

O QUADRO[10]

A compreensão do quadro intitulado – *Uma dança para a música do tempo*, de Poussin, requer que o leitor perceba o valor simbólico de cada uma das figuras de que ele é composto. Isso é feito com a ajuda das informações do texto verbal, as quais explicam o que cada figura representa. O leitor precisa, além disso, reunir as figuras e seus significados, construindo, assim, um sentido global para o texto.

As figuras que dançam são o prazer, o trabalho, a riqueza e a pobreza, que, juntas, formam a roda da fortuna, representando a vida. O velho com a lira é o Pai Tempo e as crianças representam a fugacidade do tempo. No alto do quadro, passa o cortejo de Apolo acompanhado das Horas, deusas das estações, representando a eternidade. O paralelismo a ser estabelecido pelo cortejo, no céu, e a dança da vida, na terra, marca um contraste entre a eternidade de um em relação à efemeridade do outro.

A figura de Jano, que condensa a juventude e a velhice, o passado e o futuro, é capaz de gerar uma pluralidade de sentidos possíveis, como a inevitável passagem do tempo e, consequentemente, o nosso inescapável envelhecimento, bem como a possibilidade de se manter o espírito jovem.

---

[10] Uma análise detalhada deste experimento pode ser encontrada em Coscarelli (2005).

Nesse quadro, a vida é projetada em uma peça musical ou numa dança, fazendo-nos ativar um espaço mental (FAUCONNIER; TURNER, 2002[11]) em que temos a música e a dança, e outro espaço mental, em que temos o tempo e a vida.

Os espaços mentais e as integrações sugeridos nesse quadro parecem convergir para a ideia de *carpe diem*, ou seja, aproveite o dia, o tempo. Como afirma o texto[12] que acompanha o quadro, ele "é um tratado em miniatura sobre o tempo, o destino e a condição humana" e, para compreender esse tratado, o leitor precisa encaixar as diversas partes do quadro e o que elas parecem significar, como se estivesse montando um quebra-cabeça.

No seu suporte original, o quadro é apresentado no centro da página, acompanhado de *links* – traços – que levavam o leitor a explicações sobre a imagem da qual o traço partia. Os *links* da versão hipertextual desse texto feita para esta pesquisa traziam essas explicações. Na versão contínua, por sua vez, essas explicações foram reunidas em um texto contínuo que acompanhava a imagem.

O GRÁFICO[13]

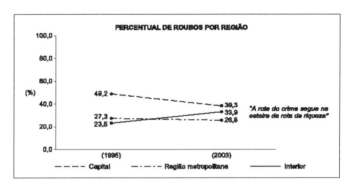

Esse gráfico, usado neste experimento, fez parte de uma questão do Exame Nacional do Ensino Médio (Enem) em 2003 e foi publicado originalmente no jornal *Folha de S.Paulo* em 29 de junho de 2003.

Sua compreensão requer dos leitores a articulação de informações verbais, não verbais e matemáticas. Os leitores também precisam inferir o significado dos pontos em que os eixos se encontram e buscar explicações para as informações que construíram a partir do gráfico.

---

[11] Este conceito está relacionado à teoria dos espaços mentais proposta por Fauconnier e Turner (2002).

[12] O texto que explica o quadro foi retirado do livro CUMMING, Robert. *Para entender a arte*. São Paulo: Ática, 1996.

[13] Uma análise detalhada desse experimento pode ser encontrada em Coscarelli (2005).

O leitor deve estabelecer as relações entre o percentual de roubos ocorridos em São Paulo em 1995 e 2003, percebendo as mudanças que ocorreram nesse período.

A frase "A rota do crime segue na esteira da rota da riqueza", que aparece no lado direito do gráfico, utiliza um tipo de metáfora classificado por Lakoff e Turner (1989) como "eventos são ações". Essas metáforas "atribuem agência a alguma coisa conectada ao evento por uma relação de causa" (p. 37). Sendo assim, "rota do crime" e "rota da riqueza" podem ser vistas como agentes relacionados ao evento "roubo", podem ser personificadas e se movimentar, como é o caso na frase em questão.

Além de compreender tal metáfora, o leitor precisa reunir as informações que construiu com base nos dados do gráfico e o sentido que construiu para essa frase e, a partir da articulação dessas informações, encontrar uma justificativa para o aumento da criminalidade no interior e a sua queda na capital, que deve ser o fato de que a criminalidade cresce proporcionalmente à riqueza.

A fim de montar as duas versões – contínua e hipertextual – do gráfico, buscamos, na Internet, informações relacionadas aos temas "criminalidade" e "riqueza". O título do gráfico, por exemplo, foi relacionado com um mapa que também mostra a distribuição da violência em São Paulo. Ao mapa, por sua vez, foi acrescentado outro *link* contendo uma breve análise da situação nele ilustrada. Também incluímos, na composição dos *links* e do texto contínuo, um trecho de notícia sobre o interior do estado, região de destaque no gráfico, já que nela houve um aumento da violência.

A PROPAGANDA[14]

---

[14] Uma análise detalhada desse experimento pode ser encontrada em Coscarelli (2007b).

Para compreender esse anúncio, o leitor precisa perceber os dados relativos à bebida e ativar seus conhecimentos sobre ela, sobre o ato de beber, entre outros, e precisa, por outro lado, perceber a menção que o texto faz a uma famosa passagem bíblica do Pecado Original, em que Adão e Eva são seduzidos pela serpente a comer o fruto proibido – a maçã. O leitor precisa compreender que a bebida vai seduzir o consumidor e que, nesse caso, ao contrário do que acontece na Bíblia, cair em tentação e comer o fruto proibido não levarão o consumidor ao pecado e, consequentemente, à expulsão do paraíso; ao contrário disso, provar da bebida vai proporcionar um grande prazer ao consumidor.

A versão hipertextual desse texto foi composta pela propaganda e por *links* criados a partir do anúncio, que ofereciam explicações e informações a respeito da bebida e do pecado original. A versão contínua, por sua vez, era composta pelo anúncio seguido de um texto que unia e articulava as informações apresentadas nos *links* da versão hipertextual.

Habilidades de leitura verificadas

A compreensão desses quatro textos foi verificada por meio de perguntas que visavam medir algumas habilidades de leitura nesses diferentes gêneros textuais e com o mesmo objetivo de leitura: ler para responder a perguntas sobre o texto (que sabemos limitado, escolarizado e com todas as limitações que uma situação experimental inevitavelmente gera). Sendo assim, para identificar a influência de aspectos formais do texto linear e do hipertexto na compreensão, procuramos verificar a capacidade dos leitores de responder a algumas questões depois da leitura de textos contínuos e de textos em formato hipertextual. Nessas questões focalizamos algumas habilidades de leitura consideradas essenciais pelo Pisa (Programa Internacional de Avaliação de Estudantes, exame internacional que busca verificar as habilidades de leitura de alunos de 15 anos em diversos países), que podem ser divididas na capacidade de:

- recuperar informação,
- interpretar e
- refletir sobre a leitura.

"Entende-se como *recuperar informação* o ato de localizar uma ou mais informações no texto; já a habilidade de *interpretar* é definida como construir significado, incluindo a produção de inferências, para uma ou mais partes do texto; e, finalmente, *refletir sobre o texto* é relacionar o texto à experiência pessoal, conhecimentos e ideias próprios" (Brasil, 2001).

As habilidades de leitura verificadas neste experimento também fazem parte da matriz de descritores do Sistema de Avaliação do Ensino Básico (Saeb), uma avaliação nacional que visa verificar habilidades de leitura de alunos brasileiros dos ensinos fundamental e médio.

Entre as habilidades de *recuperação*, verificamos a capacidade do leitor de:

1) localizar informações explícitas no texto.

A *interpretação* requer do leitor atividades cognitivas que envolvem algum grau de inferência. Foram verificadas as seguintes habilidades de *interpretação*:

2) reconhecer o tema ou a ideia principal do texto/demonstrar compreensão global do texto;
3) integrar várias partes de um texto, compreendendo as relações de sentido entre elas;
4) estabelecer relações de causa e efeito entre partes.

A *reflexão* envolve o trabalho do leitor de relacionar a informação nova do texto com suas experiências. Foram verificadas as seguintes habilidades de *reflexão*:

5) avaliar criticamente um texto ou uma determinada parte ou característica dele/refletir sobre o conteúdo do texto.

Essas habilidades estão inter-relacionadas e são interdependentes, mas podem revelar distinções interessantes na leitura, as quais podem ter sido causadas pela forma linear ou hipertextual de apresentação do texto.

Em suma, as habilidades verificadas em cada um desses textos foram inspiradas em duas avaliações de larga escala, o Saeb e o Pisa,[15] e podem ser resumidas nas seguintes categorias:

- **Compreensão global** – essa habilidade foi verificada em duas questões: uma que pedia ao leitor para apresentar o texto para alguém que não o conhecia e outra que solicitava ao leitor para identificar o tema do texto.
- **Localização de informação** – ou seja, encontrar uma informação apresentada explicitamente no texto.
- **Produção de inferência** – essas questões verificaram a habilidade dos sujeitos de produzir informações que não foram apresentadas explicitamente no texto, mas que podem e/ou devem ser geradas a partir dele. Foi verificada a habilidade dos sujeitos de produzirem inferências causais e relacionais. Chamamos de inferências causais a capacidade dos sujeitos de deduzir a causa de alguma informação apresentada no texto; e de inferência relacional, a habilidade de relacionar dois elementos ou duas partes distintas do texto.

---

[15] Mais informações sobre essas avaliações podem ser encontradas no *site* do Instituto Nacional de Estudos e Pesquisas Educacionais (INEP) <www.inep.gov.br>.

- **Manifestação de opinião** – A última questão de cada experimento era opinativa, ou seja, os sujeitos deveriam manifestar sua opinião sobre alguma questão ou elemento do texto. Acreditamos que esse tipo de questão poderia fornecer mais detalhes sobre a compreensão dos textos.

A compreensão não se resume a essas habilidades de leitura, mas podem servir de "termômetro" para sinalizar o que acontece na compreensão dos textos analisados. Essas habilidades não nos permitem explicar e verificar toda a compreensão do texto (nenhuma medida nos fornece dados tão completos), no entanto, permitem-nos verificar, em relação a essas habilidades, o que aconteceu na leitura do mesmo texto em dois formatos, sob as mesmas condições de leitura (formato de apresentação do texto e objetivos de leitura), e estabelecer uma comparação entre elas. A verificação de diferentes habilidades de leitura nos oferece dados para refletir sobre diferentes operações realizadas, sejam elas locais (localização), globais (resumo), inferenciais (causais e outras relações) ou de extrapolação (emitir opinião). A apesar de não explicitarem diretamente a compreensão do texto pelos leitores, as análises dessas habilidades nos oferecem dados a respeito da compreensão dele (uma das grandes dificuldades de pesquisar a leitura e, consequentemente, a cognição, está no fato de termos apenas medidas indiretas dela). Temos, assim, informações sobre uma gama de habilidades que, em conjunto, pode nos fornecer dados sobre a compreensão e sobre a influência dos formatos – hipertextual e contínuo – na compreensão dos textos.

Sujeitos

Participaram da pesquisa 47 informantes dos quais 29 eram alunos do último ano do ensino médio de uma escola particular de Belo Horizonte e 18 eram alunos do primeiro semestre do curso de Comunicação Social da UFMG. Essa escolha foi motivada pelo fato de esses leitores já terem terminado ou estarem ao final do ensino obrigatório, o que nos leva a pressupor que possam ser considerados leitores maduros ou que já tenham desenvolvido habilidades necessárias à compreensão dos gêneros textuais usados nos experimentos. Outro motivo para a escolha desses alunos foi o fato de eles terem familiaridade com o computador.

Tarefas

Os experimentos foram realizados em laboratórios que comportavam todo o grupo de alunos de cada turma. Sendo assim, cada um realizou suas tarefas em um computador individualmente, o que lhe permitiu determinar o seu tempo de leitura e a sua navegação no texto.

Primeiramente, os informantes leram e preencheram, no computador, a ficha com dados pessoais, que também continha, de forma muito sucinta, algumas informações sobre o experimento. Depois disso, receberam, na tela do computador, instruções para começar a leitura dos textos.

Cada informante leu dois textos de dois diferentes gêneros na tela do computador: um texto na versão hipertextual e outro na versão contínua. Depois da leitura de cada um dos textos, os informantes responderam às perguntas propostas.

Os informantes liam as questões e digitavam suas respostas, salvando os arquivos ao final da produção da resposta.

Dados

Mesmo sabendo que uma análise qualitativa das respostas nos daria informações mais precisas sobre a compreensão dos textos nos diferentes formatos, fizemos uma análise quantitativa em que as respostas de cada informante foram classificadas em três categorias: "adequada", "não adequada" e "sem resposta".

Uma vez que os resultados de cada um desses experimentos foram discutidos em detalhes nos relatórios individuais para cada texto (Coscarelli 2005a; 2005b; 2007a; 2007b), o que nos interessa são os resultados de cada uma das habilidades consideradas de forma global, tanto no formato hipertextual quanto no formato contínuo. É o que podemos ver na seguinte tabela:

Tabela 1 – Respostas satisfatórias por habilidade de leitura (%)

	Compreensão global	Localização	Inferencial	Opinativa
Contínuo	76	71	84	81
Hipertexto	82	89	91	89

Análises

Em todas as habilidades, separadamente, não houve diferença estatística entre os dados do formato contínuo e aqueles do formato hipertextual. Numa análise global dos dados, existe uma pequena diferença estatística entre os formatos, que, ao que tudo indica, pode ter sido motivada pelas tarefas de localização de informação.

Esse resultado endossa nossa premissa de que o processamento de textos é um processo hipertextual, não havendo, por isso, razão para que o hipertexto possa ser considerado um formato que oferece dificuldade a seus leitores.

Partindo do pressuposto de que todo texto é hipertextual e de que nenhuma leitura é linear, acreditávamos que não haveria motivos para encontrar diferença nos resultados da leitura dos textos nesses dois formatos. E os resultados encontrados confirmam nossa expectativa.

É interessante notar que, na habilidade de compreender globalmente o texto, a diferença entre os dois formatos é a menor de todas – apenas 5% –, ao passo que, nas questões de localização de informação, os resultados da versão hipertextual são melhores (17% de diferença). Essas diferenças mostram-nos que a compreensão global do texto não sofreu influência do formato de apresentação do texto, confirmando, assim, a nossa previsão de que toda leitura é um processo hipertextual de construção do significado, que envolve a ativação, a articulação e a integração de informações de diferentes fontes e de domínios cognitivos ou espaços mentais. A diferença entre os dois formatos na habilidade de compreensão global é ainda menor, se considerarmos apenas a questão em que os leitores têm de recontar o texto, isto é, se os resultados das questões que envolvem a identificação do tema – que parece ser um conceito que alguns sujeitos não dominavam bem, não forem considerados –, a diferença entre os resultados da versão hipertextual e da versão contínua para a compreensão global dos texto é ainda menor (4%), ou seja, é praticamente nula.

Esses resultados vão contra a ideia de que a compreensão global seria melhor no formato contínuo, uma vez que nesse formato os leitores têm acesso a todo o texto, sabendo onde ele começa e termina, e tendo a ligação entre as partes feita de forma mais explícita no texto do que no formato hipertextual, em que os leitores precisam abrir os *links*, um de cada vez, e poderiam se sentir perdidos ou ter mais trabalho para construir uma representação global para o texto.

Quanto à localização de informação, o maior número de acertos encontrado na versão hipertextual (embora não significativo) é previsível. A vantagem na localização de informações explícitas era esperada na versão hipertextual, porque o acesso rápido e fácil à informação é um dos aspectos positivos ou uma das vantagens desse formato, muito apontado por estudiosos do hipertexto, como Rouet *et al.* (1996) e Landow (1992). Os *links* facilitam o acesso e a acessibilidade (LANDOW, 1992, p. 225) a informações específicas, fazendo com que os leitores recorram ao texto para localizar uma informação com maior frequência do que o fariam no texto contínuo, em que essa busca requer que todo o documento ou muitas partes dele sejam percorridos.

Conforme as hipóteses que levantamos, o formato hipertextual poderia resultar numa melhor compreensão do texto, em contraste com o formato contínuo, pelo fato de o leitor ter de se esforçar mais para construir as relações entre as partes que compõem o hiperdocumento, ou seja, o leitor do hipertexto teria de produzir mais inferências para compreender o texto. Isso não significa dizer que, no texto contínuo, o leitor não precise estabelecer ou construir as relações entre as partes do texto. O que queremos dizer é que os textos contínuos trazem mais marcas explícitas ou instruções – seja por recursos linguísticos, seja por proximidade física das informações no texto – para o leitor do que o hipertexto, o que poderia facilitar o trabalho dele. Sendo assim, o leitor, na leitura de hipertextos, precisaria envolver mais recursos cognitivos em tal tarefa e esse esforço deveria refletir nas inferências produzidas durante a leitura. Mas os resultados desses experimentos não reforçam essa ideia. Parece que a produção de inferências nos dois formatos é semelhante, conforme as análises qualitativas nos mostraram depois.

Não há diferença estatisticamente significativa entre os dois formatos no que diz respeito à produção de inferências. As análises qualitativas das respostas reforçam esse resultado e não nos permitem dizer que houve diferença na capacidade dos leitores de produzir inferências. As respostas dadas pelos estudantes às questões inferenciais revelam que eles foram capazes de ativar e de integrar espaços mentais (FAUCONNIER; TURNER, 2002) necessários à construção de sentidos para o texto, fazendo emergir desses espaços muitas inferências que revelavam a riqueza das relações estabelecidas por eles na leitura dos textos.

No que concerne à emissão de opinião sobre alguma parte ou ideia apresentada nos textos, também não houve diferença significativa entre os dois formatos. Não havia motivos para prevermos uma diferença entre os dois formatos nessa habilidade, uma vez que o formato do texto não deveria interferir na expressão de uma opinião.

Essa questão foi incluída no experimento como mais uma fonte de informação sobre a compreensão global do texto. Os resultados do Pisa 2000 (BRASIL, 2001) mostram que os alunos brasileiros apresentaram desempenho muito satisfatório nas questões que avaliavam essa habilidade, o que também pôde ser comprovado nesta pesquisa.

As análises das respostas opinativas reforçam os resultados encontrados nas demais questões de que o formato hipertextual não apresenta vantagem sobre o formato contínuo na elaboração das respostas para as questões propostas.

Essa análise quantitativa das respostas dadas às questões é baseada numa chave de resposta fechada e pouco flexível, em que uma habilidade em particular está sendo verificada. Não responder satisfatoriamente a uma questão, ou seja, não demonstrar ter uma determinada habilidade de leitura, não implica necessariamente em incompreensão do texto. Muitas vezes, a resposta dada pelo estudante pode não ter sido considerada satisfatória por ser vaga, imprecisa ou inadequada em relação à habilidade que está sendo verificada, mas ao mesmo tempo pode revelar compreensão do texto. Numa questão de localização de informação, por exemplo, o sujeito pode ter contado com seus conhecimentos prévios ou com sua memória e não ter recuperado o elemento do texto a que a pergunta se referia, mas apresentar considerações pertinentes ao texto em sua resposta. Em uma questão de identificação do tema, o sujeito pode não ter identificado o tema, mas trazer outras informações em sua resposta que revelam compreensão do texto. O mesmo pode acontecer nas questões inferenciais e de opinião. Em vista disso, foi feita também uma análise qualitativa das respostas.

Esta análise busca verificar a compreensão do texto e as formas de construção de sentido usadas pelos sujeitos, independentemente de uma avaliação da adequação dessa resposta à pergunta proposta ou à habilidade de leitura que está sendo verificada. Além disso, nos permite dizer que, em ambos os formatos de apresentação do texto – hipertextual e contínuo – os leitores foram capazes de compreender os textos, construindo para eles uma rica rede de relações que envolvia não apenas os elementos textuais, mas também, como era esperado, conhecimentos prévios e experiências, bem como deduções e analogias, entre muitas outras operações cognitivas envolvidas no processamento de metáforas, cadeias referenciais, relações temporais e espaciais, entre outras.

Sendo assim, temos aqui dois sistemas diferentes para analisar as respostas. Um deles – quantitativo – volta-se para a medição de habilidades de leitura e o outro – qualitativo – volta-se para a compreensão (mesmo que muito particular e subjetiva) do texto. As conclusões que se quiser tirar desses experimentos precisam considerar essas duas medidas.

Em suma, o que esses experimentos nos mostram é que o formato de apresentação do texto não interfere na compreensão dele de forma significativa. A navegação no hipertexto é mais prática e, portanto, estimula o leitor a voltar no texto mais vezes do que acontece no formato contínuo, cujo acesso a uma informação específica não é tão rápido e fácil como no formato hipertextual. Isso pode ser uma vantagem para o hipertexto em ambientes educacionais, em que o retorno ao texto e a releitura são operações importantes.

Considerações finais

A fim de verificar a influência do formato de apresentação do texto na compreensão, elaboramos quatro experimentos em que duas versões do mesmo texto foram criadas, sendo uma versão contínua e a outra em formato de hipertexto digital. Os textos que serviram de base para esses experimentos são de gêneros diferentes: uma propaganda, um quadro, uma charge e um gráfico.

Nesses experimentos, os estudantes deveriam ler o texto e responder às perguntas propostas, que, por sua vez, visavam verificar quatro habilidades de leitura: compreensão global do texto, localização de informação explícita, produção de inferências e emissão de opinião.

A análise qualitativa das respostas não nos permite afirmar que a qualidade da compreensão dos textos foi melhor em algum dos formatos. Tanto os estudantes que leram a versão hipertextual quanto os que leram a versão contínua dos textos demonstram, em suas respostas, níveis de compreensão muito semelhantes para os textos lidos.

O hipertexto favorece (embora não a ponto de ser uma diferença estatisticamente significativa na análise quantitativa) a localização de informação, uma vez que esse formato estimula o leitor a consultar o texto, o que pode ser visto como um aspecto a favor do hipertexto em ambientes de aprendizagem.

A pouca diferença encontrada entre os formatos pode ser consequência da proficiência em leitura dos sujeitos que participaram da pesquisa. Esses estudantes são bons leitores e, portanto, acreditamos que conseguem lidar de forma eficiente com diferentes gêneros e formatos textuais. Podemos perguntar, então, se esses resultados se repetiriam em leitores não tão proficientes ou não tão familiarizados com o computador, ou seja, se a diferença entre os formatos seria também insignificante. É possível que, uma vez proficiente, o leitor se saia relativamente bem, independentemente do formato, ao passo que o formato possa ter alguma influência na compreensão de texto por leitores menos proficientes.

Esses experimentos corroboram nossa premissa de que toda leitura é hipertextual, uma vez que as respostas dos estudantes mostram que eles precisam lidar de forma muito complexa com a ativação e integração de muitos espaços mentais a leitura. Os resultados encontrados nesta pesquisa reforçam, portanto, a ideia de que a compreensão é um processo hipertextual, que consiste na ativação e integração de diferentes espaços mentais (FAUCONNIER; TURNER, 2002).

Os resultados desta pesquisa também reforçam a premissa de que todos os textos são hipertextos, uma vez que existem várias formas de marcação da hierarquia dos elementos que compõem o texto e uma vez que todo texto é uma instância dialógica e polifônica.

Esta pesquisa nos fez levantar também uma série de outras questões que ainda carecem de investigação, entre elas: gêneros que não lidam com imagens, ou seja, que são essencialmente verbais, gerariam os mesmos resultados? Diferentes objetivos de leitura modificariam esses resultados? O grau de proficiência do leitor interfere na influência do formato na compreensão do texto? A familiaridade do leitor com o computador teria influência na leitura? Os resultados encontrados nesses experimentos se repetiriam se outras habilidades de leitura fossem verificadas? Pelo fato de estimular a consulta ao texto, o formato hipertextual pode ser, a longo prazo, mais eficaz em situações de ensino-aprendizagem que o formato contínuo?

O mundo digital traz consigo um universo de questões a serem respondidas. Esta pesquisa buscou fazer uma investida global para verificar a influência do hipertexto na leitura. Estes resultados corroboram algumas pesquisas e contradizem outras. Para resolver essa polêmica, muitas outras pesquisas ainda precisam ser feitas. É isso que faz o mundo das ciências girar.

Referências

BAKHTIN, M. *Estética da criação verbal*. São Paulo: Martins Fontes, 1992.

BARTHES, R. *S/Z*. São Paulo: Martins Fontes, Ed.70, 1970.

BEAUGRANDE, R. de. *New foundations for a science of text and discourse*: cognition, communication and freedom of access to knowledge and society. Norwood, New Jersey: Ablex Publishing Corporation, 1997.

BRASIL, Ministério da Educação. *PISA 2000: Relatório Nacional*. Brasília: INEP/OECD, Ministério da Educação, 2001.

BRASIL, Ministério da Educação. *SAEB 2001: Relatório Nacional*. Brasília: INEP – Instituto Nacional de Estudos e Pesquisas Educacionais Anísio Teixeira, 2002.

BRONCKART, J. P. *Atividade de linguagem, textos e discursos*: por um interacionismo sociodiscursivo. São Paulo: EDUC, 1999.

CAFIERO, Delaine. *A construção da continuidade temática por crianças e adultos: compreensão de descrições definidas e de anáforas associativas*. Campinas: Unicamp, 2002.

COSCARELLI, C. V. (Org.). *Novas tecnologias, novos textos, novas formas de pensar*. Belo Horizonte: Autêntica, 2002.

COSCARELLI, C. V. Poussin em muitas telas. *TXT: leituras transdisciplinares de telas e textos*, ano I, n. 2, dez. 2005a.

COSCARELLI, C. V. *Relatório de pesquisa: A leitura de hipertextos*. Belo Horizonte, Fale/UFMG, 2005b. (Mimeo)

COSCARELLI, C. V. Da leitura de hipertexto: um diálogo com Rouet *et al*. In: ARAÚJO, J. C. BIASI-RODRIGUES, B. (Org.). *Interação na Internet*: novas formas de usar a linguagem. Rio de Janeiro: Lucerna, 2005c.

COSCARELLI, C. V. Os dons do hipertexto. *Littera: Revista de Lingüística e Literatura*. Pedro Leopoldo: Faculdades Integradas Pedro Leopoldo, v. 4, n. 4, p. 7-19, jul./dez. 2006.

COSCARELLI, C. V. A leitura de hipertextos: charges. In: ARAÚJO, J. C.; DIEB, M. *Linguagem & Educação: fios que se entrecruzam na escola*. Belo Horizonte: Autêntica, 2007a. p. 65-88.

COSCARELLI, C. V. Examining Reading Comprehension through the use of Continuous Texts and Hypertexts. *Colombian Applied Linguistics Journal*. Bogotá – Colombia, Universidad Distrital Francisco José de Caldas, n. 9, p. 44-68, sept. 2007b.

COSCARELLI, C. V. Textos e hipertextos: procurando o equilíbrio. *Linguagem em (Dis)curso*, v. 9, n. 3, p. 549-564, set./dez. 2009. Disponível em: <http://linguagem.unisul.br/paginas/ensino/pos/linguagem/0903/00.htm>. Acesso em: 19 mar. 2011.

COSTA VAL, M. da G. *Redação e textualidade*. São Paulo: Martins Fontes, 1991.

COSTA VAL, M. da G. Repensando a textualidade. In: AZEVEDO, José Carlos (Org.). *Língua portuguesa em debate*: conhecimento e ensino. Petrópolis: Vozes, 2001. p. 34-51.

DIAS, M. C. *A influência do modo de organização na compreensão de hipertextos*. Dissertação (Mestrado em Linguística Aplicada), Faculdade de Letras, Universidade Federal de Minas Gerais, Belo Horizonte, 2008.

ECO, Umberto. *Lector in fabula*. São Paulo: Perspectiva, 1986.

FASTREZ, P. Navigation hypertextuelle et acquisition de connaissances. Dissertation Doctorale, Département de Communication, Université Catholique de Louvain, Bruxelas, 2002.

FAUCONNIER, G.; TURNER, M. *The way we think.* Cambridge: Cambridge University Press, 2002.

FURTADO, J. A. *Os livros e as leituras*: novas ecologias da informação. Lisboa: Livros e Leituras, 2000.

GUALBERTO, I. M. T. *A influência dos hiperlinks na leitura de hipertexto enciclopédico digital*. Tese (Doutorado em Estudos Linguísticos), Faculdade de Letras, Universidade Federal de Minas Gerais, Belo Horizonte, 2008.

LANDOW, G. P. *Hypertext 2.0*. Baltimore: Parallax, 1992.

MORKES, J.; NIELSEN, J. *Concise, Scannable, and objective: how to write for the web*. 1997. Disponível: <http://www.useit.com/papers/webwriting/writing.html>. Acesso em: fev. 2007.

NIELSEN, J. *Top ten mistakes revisited three years later*. 1999. Disponível: <http://www.useit.com/alertbox/990502.html>. Acesso em: fev. 2007.

NIELSEN, J. *Be succinct!*. 1997. Disponível: <http://www.useit.com/alertbox/9703b.html>. Acesso em: fev. 2007.

NIELSEN, J. *Top ten mistakes in web design*. 1996. Disponível: <http://www.useit.com/alertbox/9605.html>. Acesso em: fev. 2007.

NOVAIS, A. E. *Leitura nas interfaces gráficas de computador*: compreendendo a gramática da interface. Dissertação (Mestrado em Estudos Linguísticos), Faculdade de Letras, Universidade Federal de Minas Gerais, Belo Horizonte, 2008.

PINTO, Rosalvo Gonçalves. *Marcas textuais da coesão verbal*. Belo Horizonte: Faculdade de Letras da UFMG, 2003. (Tese de doutorado)

RAMAL, A. C. *Educação na cibercultura*. Porto Alegre: Artes Médicas, 2002.

RIBEIRO, A. E. *Ler na tela*: novos suportes para velhas tecnologias. Dissertação (Mestrado em Estudos Linguísticos), Faculdade de Letras, Universidade Federal de Minas Gerais, Belo Horizonte, 2003.

RIBEIRO, A. E. *Navegar lendo, ler navegando*: aspectos do letramento digital e da leitura de jornais. Tese (Doutorado em Estudos Linguísticos), Faculdade de Letras, Universidade Federal de Minas Gerais, Belo Horizonte, 2008.

ROUET, J.-F. *et al.* (Org.). *Hypertex and cognition.* Mahwah, New Jersey: Lawrence Erlbaum Associates, 1996.

SMITH, F. *Understanding reading.* New York: Holt, Rinehart and Winston, 1978.

SNYDER, I. *Hypertext:* the electronic labyrinth. New York: New York University Press, 1996.

SPERBER, Dan; WILSON, Deirdre. *Relevance:* Communication and Cognition. Oxford, Cambridge: Blackwell, 1986/1995.

VAN DIJK, T. A. *Cognição, discurso e interação.* São Paulo: Contexto, 1992.

XAVIER, A. C. dos S. A dança das linguagens na web: critérios para a definição de hipertexto. In: SILVA, T. C. S.; MELLO, H. (Org.). *Conferências do V Congresso Internacional da Associação Brasileira de Linguística.* Belo Horizonte: Fale/UFMG, 2007. v. 1, p. 199-210.

Os autores

Carla Viana Coscarelli
Doutora em Estudos Linguísticos pela Faculdade de Letras da Universidade Federal de Minas Gerais (UFMG), pós-doutora em Ciências Cognitivas pela University of California San Diego, professora e pesquisadora da Faculdade de Letras da UFMG.

Ana Elisa Novais
Mestre em Estudos Linguísticos pela Faculdade de Letras da UFMG e professora do Instituto Federal de Minas Gerais, *campus* Ouro Preto.

Ana Elisa Ribeiro
Doutora em Linguística Aplicada pela Faculdade de Letras da UFMG, professora e pesquisadora do Centro Federal de Educação Tecnológica de Minas Gerais (CEFET-MG).

Ilza Maria Tavares Gualberto
Doutora em Linguística Aplicada pela Faculdade de Letras da UFMG, professora e pesquisadora da Fundação Pedro Leopoldo.

Marcelo Cafiero Dias
Mestre em Estudos Linguísticos pela Faculdade de Letras da UFMG e professor da rede estadual de ensino de Minas Gerais.

Maria Aparecida Araújo e Silva
Mestre em Estudos Linguísticos pela Faculdade de Letras da UFMG e professora do Centro Universitário UNA.

Este livro foi composto com tipografia Palatino LT Std e impresso
em papel Off Set 75 g/m² na Gráfica e Editora Del Rey